... **Títulos relacionados**

**SSCI0109
EMPLEO DOMÉSTICO**

[DISPONIBLE CERTIFICADO COMPLETO]

Solicítalos en:
- Librería
- www.paraninfo.es
- Solicitudes nacionales +34 914 463 350
- Solicitudes fuera de España +34 913 308 907, +34 913 308 919

Acondicionamiento de camas, prendas de vestir y ropa de hogar
MF1332_1

Laura Martell Siles

© 2025 Ediciones Paraninfo, S. A.
© 2025 Autora: Laura Martell Siles

Maquetación: Ediciones Nobel

Impresión: Liberdigital (Casarrubuelos, Madrid)
ISBN: 978-84-283-7255-8
Depósito legal: M-22332-2025

Impreso en España

Laura Martell Siles comienza a trabajar en el sector de los recursos humanos desde muy joven, aunque su verdadera vocación siempre había sido dedicarse a ayudar a los demás. Por este motivo realiza la diplomatura en Trabajo Social, obteniendo el premio extraordinario de fin de carrera de su promoción. Al poco tiempo, comienza a desempeñar su labor como trabajadora social en una conocida entidad de acción social, mientras que continúa formándose como mediadora familiar, otra de sus grandes pasiones. En la actualidad, compagina su trabajo de mediadora con la redacción de manuales para cursos de Certificados Profesionales.

Índice

Introducción normativa XI

Introducción a la obra XVII

1. Procesos de lavado y secado de ropa de hogar y prendas de vestir 1

    1.1. Técnica de clasificación y separación de la ropa 3

        1.1.1. Recogida de ropa de hogar y prendas de vestir 4

        1.1.2. Características: fibras, colores, grado de suciedad, tamaño 5

        1.1.3. Tratamientos especiales: desmanchado 7

        1.1.4. Revisión de las prendas antes del lavado. Búsqueda de objetos: metálicos, de papel, etcétera 9

        1.1.5. Interpretación del etiquetaje 9

    1.2. Proceso de lavado manual de ropa de hogar y prendas de vestir 11

    1.3. Proceso de lavado automático de ropa de hogar y prendas de vestir . . . 12

        1.3.1. Tipología de electrodomésticos: lavadora, secadora, lavadora-secadora 13

        1.3.2. Interpretación de manuales de funcionamiento de electrodomésticos 14

        1.3.3. Utilización de aparatos electrodomésticos 14

        1.3.4. Técnicas de conservación de maquinaria 16

    1.4. Técnica de tendido y recogida de ropa 17

    1.5. Aplicación de productos específicos de lavado y desmanchado 18

        1.5.1. Técnicas de manipulación de productos específicos de lavado y desmanchado 19

        1.5.2. Dosificación de productos específicos de lavado y desmanchado 20

        1.5.3. Interpretación de etiquetaje 20

1.6. Procedimientos de adecuación de espacios para efectuar
los trabajos de: lavado, secado, tendido de ropa, recogida de ropa 25

1.7. Origen de las incidencias del proceso de lavado........................ 26

    1.7.1. Productos de lavado 27

    1.7.2. Clasificación incorrecta 27

    1.7.3. Exceso de carga.. 28

EN ESTE CAPÍTULO HEMOS APRENDIDO A 28

EJERCICIOS DE REPASO Y AUTOEVALUACIÓN 29

2. **Técnicas de cosido básico y planchado de ropa de hogar
y prendas de vestir**... 31

2.1. Selección de técnicas de cosido: tipos y características de tejidos 33

2.2. Utilización de útiles de costura.................................... 34

    2.2.1. Tipos de útiles 35

    2.2.2. Modo de utilización 36

2.3. Ordenación del costurero 37

2.4. Proceso de planchado 38

    2.4.1. Interpretación del etiquetaje 39

    2.4.2. Técnicas de planchado: plancha eléctrica o vapor 40

    2.4.3. Secuencia de actividades.................................... 41

    2.4.4. Selección de temperatura.................................... 41

    2.4.5. Selección de accesorios 42

    2.4.6. Aplicación de productos específicos.......................... 42

2.5. Proceso de colocación en espacios habilitados 43

2.6. Técnicas de adecuación del espacio para ejecutar las tareas
de planchado 43

EN ESTE CAPÍTULO HEMOS APRENDIDO A 44

EJERCICIOS DE REPASO Y AUTOEVALUACIÓN 45

3. **Técnicas de preparación de camas**.................................... 47

3.1. Elementos que componen una cama................................. 49

    3.1.1. Tipos de camas 49

    3.1.2. Tipos de colchones.. 51

    3.1.3. Tipos de ropa de cama....................................... 52

3.1.4. Tipos y colocación de complementos 53

3.2. Técnicas y secuencias en la preparación de camas 54

3.3. Valoración, planificación y realización de rutinas en el cambio
de ropa 55

3.4. Técnicas de volteo y giro de colchones 56

3.5. Técnica de verificación del trabajo. 56

EN ESTE CAPÍTULO HEMOS APRENDIDO A 57

EJERCICIOS DE REPASO Y AUTOEVALUACIÓN 58

Introducción normativa

La Ley Orgánica 3/2022, de 31 de marzo, de ordenación e integración de la Formación Profesional, contiene una disposición derogatoria única que afecta a la regulación de los certificados de profesionalidad, ahora denominados **Certificados Profesionales**. La referida normativa deroga la Ley Orgánica 5/2002, de 19 de junio, de las Cualificaciones y de la Formación Profesional, y abre un escenario de cambios que se irá implementando progresivamente.

La Ley Orgánica 3/2022, de 31 de marzo, de ordenación e integración de la Formación Profesional implica que toda la formación es acumulable. La oferta formativa se estructura de forma escalonada, siendo los Certificados Profesionales un nivel intermedio (Grado C) de una escala que va desde el Grado A hasta el E.

En los artículos 35 a 38 de la Ley 3/2022 se describe en qué consisten estos Certificados Profesionales: su oferta, formación asociada, estructura, duración, acceso, titulación y validez. Posteriormente, esta normativa se completa con lo dispuesto en el Real Decreto 659/2023, de 18 de julio, que desarrolla la ordenación del sistema de Formación Profesional. Concretamente en los artículos 67 a 81 es donde se hace referencia a la oferta formativa de Grado C, correspondiente a los Certificados Profesionales.

Están agrupados en 26 familias profesionales con características comunes del sector. En la actualidad hay más de medio millar de Certificados Profesionales incluidos en el Repertorio Nacional. Esta cifra no deja de crecer. Además, cada certificado está específicamente regulado por un real decreto.

Un Certificado Profesional corresponde al Grado C de la oferta del Sistema de Formación Profesional. Es un documento oficial, con validez en todo el territorio nacional y debe constar en el Catálogo Nacional de Ofertas de Formación Profesional, que certifica la capacitación para el desarrollo de una actividad profesional.

Debe detallar los módulos profesionales superados y los estándares de competencia profesional asociados a él e incluidos en el **Catálogo Nacional de Estándares de Competencias Profesionales**, así como su correspondencia con el Marco Español de Cualificaciones.

Despliegan su validez en un doble ámbito, laboral y académico:

- En el contexto laboral tienen validez profesional, porque acreditan las competencias en una determinada profesión. Para poder trabajar en algunas profesiones, se exigen determinadas cualificaciones, y los certificados sirven para acreditarlas.

- Asimismo, tienen validez académica, puesto que permiten continuar un itinerario formativo siempre que se cumplan los requisitos de acceso para cursar la titulación deseada. De tal modo que, los Certificados Profesionales que sean parte de un Grado D permitirán la matrícula modular para completar los módulos establecidos en el currículo y obtener el correspondiente título de técnico básico, técnico o técnico superior con validez en todo el territorio nacional.

Para obtener un Certificado Profesional (Grado C) es preciso cumplir con los requisitos de acceso para realizar la formación.

Estructura de los Certificados Profesionales

I. Identificación: denominación, familia y área profesional a la que pertenecen; nivel de cualificación profesional (1, 2 o 3); cualificación profesional de referencia; entorno profesional y módulos formativos que esté previsto cursar junto con la duración de cada uno de ellos.

II. Perfil profesional: incluye las competencias profesionales requeridas en el mercado laboral. En todas ellas se concretan las realizaciones profesionales y los criterios de realización.

III. Formación: describe los módulos formativos que esté previsto cursar para adquirir las competencias requeridas. En cada uno de ellos se indican las capacidades que se pretenden alcanzar y la duración del módulo de prácticas no laborales —PNL—, para el que cabe solicitar exención si se cumplen determinados requisitos.

IV. Prescripciones de las personas formadoras.

V. Requisitos mínimos de espacios, instalaciones y equipamiento.

Los Certificados Profesionales se identifican con una denominación concreta y un código alfanumérico propio, y sirven para acreditar una determinada cualificación profesional. Cada certificado está asociado a una relación de unidades de competencia que, a su vez, se vinculan con una serie de módulos formativos específicos. Algunos módulos están integrados por unidades formativas y tanto unos como otras son, en ocasiones, transversales, lo que significa que se trata de contenidos incluidos en más de un Certificado Profesional.

Los Certificados Profesionales se articulan en tres niveles de competencia profesional (1, 2 y 3) conforme a lo dispuesto en el que será el Catálogo Nacional de Estándares de Competencias Profesionales, anteriormente Catálogo Nacional de Cualificaciones Profesionales (CNCP), según los criterios establecidos de conocimientos, iniciativa, autonomía y complejidad de las tareas, en cada una de las ofertas de Formación Profesional.

La oferta formativa dirigida a la obtención de los Certificados Profesionales tiene carácter modular para favorecer la acreditación parcial acumulable de la formación recibida y posibilitar así el avance en el itinerario de Formación Profesional para cualquiera que sea la situación laboral de cada persona en cada momento.

En definitiva, el Grado C constituye la oferta, parcial y acumulable, del sistema de Formación Profesional, de varios módulos profesionales del catálogo modular de Formación Profesional por razón de su significado en el mercado laboral y conducente a la obtención de un Certificado Profesional.

Las ofertas de Grado C de Formación Profesional tendrán por objeto módulos profesionales incluidos previamente en el catálogo modular de formación profesional y asociados al Catálogo Nacional de Estándares de Competencias Profesionales.

Finalidad de los Certificados Profesionales

- Contribuir a la ordenación de un Sistema de Formación Profesional al servicio de un régimen de formación y acompañamiento profesionales que sea capaz de responder con flexibilidad a los intereses, expectativas y aspiraciones de cualificación profesional de las personas a lo largo de su vida.

- Combinar escuela y empresa situando a la persona en el centro del sistema.

- Facilitar el aprendizaje permanente de toda la ciudadanía mediante una formación abierta, flexible y accesible, estructurada de forma modular, a través de la oferta formativa asociada al certificado.

- Acreditar las cualificaciones profesionales o las unidades de competencia recogidas en estas, independientemente de su vía de adquisición, bien sea través de la vía formativa, o mediante la experiencia laboral o vías no formales de formación.

- Favorecer, tanto en el ámbito nacional como europeo, la transparencia del mercado de trabajo.

- Contribuir a la calidad de la oferta de Formación Profesional.

Este libro

El presente libro desarrolla el Módulo Formativo denominado «Acondicionado de camas, prendas de vestir y ropa de hogar», MF1332_1.

Dicho módulo formativo está asociado a la Unidad de Competencia UC1332_1, que se incluye en la cualificación profesional de referencia SSC413_1, de nivel 1, y que pertenece al Certificado Profesional denominado SSC0109 «Empleo doméstico», de la familia profesional de Servicios Socioculturales y a la Comunidad.

Según el Real Decreto 721/2011, de 20 de mayo, los contenidos que en esta obra se recogen se corresponden con una formación de 30 horas de duración.

Tanto la estructura como el desarrollo del libro se ajustan al citado Real Decreto y más concretamente a los contenidos del Módulo Formativo MF1332_1 que le da título «Acondicionado de camas, prendas de vestir y ropa de hogar».

Contenido

1. **Procesos de lavado y secado de ropa de hogar y prendas de vestir**
   - Técnica de clasificación y separación de la ropa:
     — Recogida de ropa de hogar y prendas de vestir.
     — Características: fibras, colores, grado de suciedad, tamaño.
     — Tratamientos especiales: desmanchado.
     — Revisión de las prendas antes del lavado. Búsqueda de objetos: metálicos, de papel, etcétera.
     — Interpretación del etiquetaje.
   - Proceso de lavado manual de ropa de hogar y prendas de vestir.
   - Proceso de lavado automático de ropa de hogar y prendas de vestir:
     — Tipología de electrodomésticos: lavadora, secadora, lavadora-secadora.
     — Interpretación de manuales de funcionamiento de electrodomésticos.
     — Utilización de aparatos electrodomésticos.
     — Técnicas de conservación de la maquinaria.
   - Técnica de tendido y recogida de la ropa.
   - Aplicación de productos específicos de lavado y desmanchado:
     — Técnicas de manipulación de productos específicos de lavado y desmanchado.
     — Dosificación de productos específicos de lavado y desmanchado.
     — Interpretación de etiquetaje.

- Procedimientos de adecuación de espacios para efectuar los trabajos de: lavado, secado, tendido de ropa, recogida de ropa.
- Origen de las incidencias en el proceso de lavado:
  - Productos de lavado.
  - Clasificación incorrecta.
  - Exceso de carga.

2. **Técnicas de cosido básico y planchado de ropa de hogar y prendas de vestir**
   - Selección de técnicas de cosido: tipos y características de tejidos.
   - Utilización de útiles de costura:
     - Tipos de útiles.
     - Modo de utilización
   - Ordenación del costurero.
   - Proceso de planchado:
     - Interpretación del etiquetaje.
     - Técnicas de planchado: plancha eléctrica o vapor.
     - Secuencia de actividades.
     - Selección de temperatura.
     - Selección de accesorios.
     - Aplicación de productos específicos.
   - Proceso de colocación en espacios habilitados.
   - Técnicas de adecuación del espacio para ejecutar las tareas de planchado.

3. **Técnicas de preparación de camas**
   - Elementos que componen una cama:
     - Tipos de camas.
     - Tipos de colchones.
     - Tipos de ropa de cama.
     - Tipos y colocación de complementos.
   - Técnicas y secuencia en la preparación de camas.
   - Valoración, planificación y realización de rutinas en el cambio de ropa.
   - Técnica de volteo y giro de colchones.
   - Técnicas de verificación del trabajo.

■ Nota del editor

En Ediciones Paraninfo estamos comprometidos con la calidad de la formación e intentamos que nuestros materiales respondan fielmente y con rigor a las necesidades de todos cuantos confían en nuestro sello editorial.

Tratamos de dar respuesta a los currículos de las unidades formativas y de los módulos que integran los distintos Certificados Profesionales, equilibrando la parte teórica con la práctica para que los procesos de aprendizaje se conviertan en experiencias gratificantes, tanto para docentes como para las personas inmersas en los procesos formativos.

Nuestros objetivos son contribuir de forma decisiva a afianzar aprendizajes, ayudar a adquirir destrezas que tengan significado para el empleo y conseguir potenciar el desarrollo personal.

Para lograrlo contamos con excelentes autores, expertos en las materias que abordan, en la mayoría de los casos docentes de dichas especialidades con dilatada experiencia tanto profesional como académica, porque buscamos perfiles familiarizados con los contextos laborales concretos a los que se refieren nuestros manuales.

Confiamos en poder serte de ayuda y esperamos tus impresiones acerca de nuestro trabajo. Sean positivas o negativas, serán muy bien recibidas y, sin duda, nos ayudarán a seguir mejorando y trabajando con ilusión para continuar siendo un referente en formación para el empleo.

Agradecemos tu confianza en nuestros manuales. Todo nuestro equipo queda a tu total disposición. Puedes contactar con nosotros en esta dirección de correo electrónico:

info@paraninfo.es

Introducción a la obra

El procedimiento de realización de la colada se ha mantenido durante cientos de años hasta que aparecieron las primeras lavadoras. Toda la ropa se lavaba a mano, actividad tan agotadora que se solía retrasar todo lo posible. El lavado de la ropa se realizaba en las orillas de los ríos,  donde las mujeres solían unirse para realizar juntas esta labor. El procedimiento consistía en restregar y golpear la ropa sobre una piedra grande de la misma orilla para luego retorcerla y escurrirla con sus propias manos.

Posteriormente se fueron construyendo pilones y lavaderos públicos que facilitaron esta labor, aunque continuaba siendo agotadora. Para el lavado se utilizaba jabón elaborado con grasa animal y hervido con lejía.

El secado se llevaba a cabo tendiendo las ropas en las ramas de los árboles. En algunas ciudades se disponían en tendederos comunitarios que se fueron desarrollando hasta el punto de que algunos poseían una caldera para acelerar el proceso.

Hubo que esperar hasta el siglo XVIII para que aparecieran los primeros mecanismos, muy rudimentarios y manuales, que ayudaron a la mejora de estas tareas. Y no fue hasta principios del siglo XX cuando aparecieron las lavadoras eléctricas, aunque en España no se generalizó su uso hasta los años sesenta del siglo XX.

 Si quieres ampliar información, escanea este QR.

1. Procesos de lavado y secado de ropa de hogar y prendas de vestir

Introducción

El proceso de lavado es una labor larga que incluye varias fases. La primera de ellas sería la recogida de la ropa, la separación de la ropa según el criterio que se va a aplicar, la elección del lavado, la elección de los productos que se deben utilizar, el tendido/secado de ropa y su preparación para la plancha.

Se ofrece el siguiente flujograma:

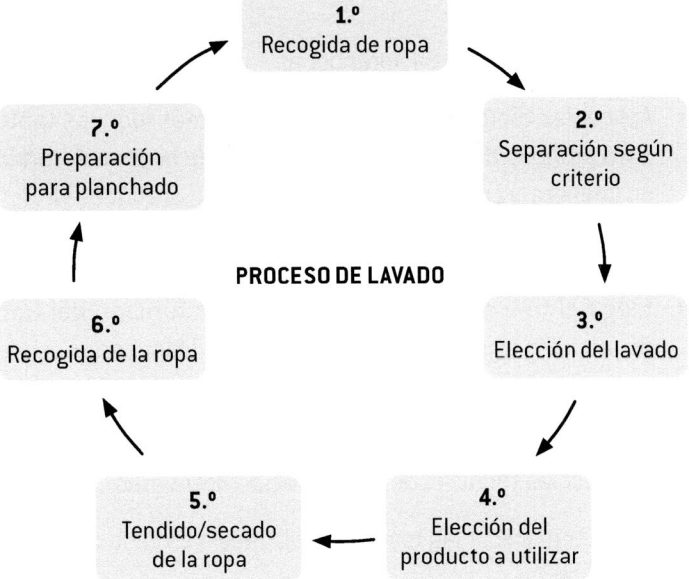

PROCESO DE LAVADO

1.º Recogida de ropa

2.º Separación según criterio

3.º Elección del lavado

4.º Elección del producto a utilizar

5.º Tendido/secado de la ropa

6.º Recogida de la ropa

7.º Preparación para planchado

Contenido

1.1. Técnica de clasificación y separación de la ropa

1.2. Proceso de lavado manual de ropa de hogar y prendas de vestir

1.3. Proceso de lavado automático de ropa de hogar y prendas de vestir

1.4. Técnica de tendido y recogida de ropa

1.5. Aplicación de productos específicos de lavado y desmanchado

1.6. Procedimientos de adecuación de espacios para efectuar los trabajos de: lavado, secado, tendido de ropa, recogida de ropa

1.7. Origen de las incidencias en el proceso de lavado

Objetivos

En este capítulo vamos a aprender a:

- Aplicar las técnicas de lavado y secado más idóneas tanto para prendas de vestir como para ropa de hogar valorando su limpieza y conservación, interpretando el etiquetado.

- Clasificar y preparar la ropa antes de proceder a su limpieza.

- Elegir el tipo de lavado más idóneo en función del tipo de prenda y siguiendo las indicaciones del fabricante.

- Utilizar los electrodomésticos destinados al lavado y secado de la ropa, interpretando los manuales de funcionamiento y a aplicar las técnicas de conservación del mismo.

- Conocer y aplicar las técnicas de lavado y tendido de ropa.

- Conocer y evitar las incidencias en el proceso de lavado.

1.1. Técnica de clasificación y separación de la ropa

En la actualidad, las familias disfrutan de una gran cantidad de prendas de vestir que va variando continuamente. Estas prendas están elaboradas con distintos tejidos y colores que van a condicionar el proceso de lavado.

Podemos utilizar diferentes criterios de clasificación y separación de la ropa para que el proceso de lavado sea un éxito.

Planteamos concretamente dos criterios de clasificación de las prendas de vestir:

1.º Según los tejidos con los que está confeccionada la ropa. Se pueden dividir en tres grupos:

- Tejidos de origen natural. Se distinguen los de origen animal, como la seda o la lana, y los de origen vegetal, como el algodón y el lino.

- Tejidos sintéticos, como el poliéster.

- Tejidos artificiales, como la viscosa.

2.º Según el color de la prenda. El color de la ropa es aportado por tintes de origen químico, vegetal o mineral. Estos tintes se van perdiendo durante los lavados, por lo que es necesario separa la ropa según su color para evitar el traspaso de colores de unas prendas a otras. Se debe clasificar la ropa según los siguientes grupos:

- Ropas blancas.

- Ropas claras.

- Ropas de color.

- Ropas negras y de color azul marino.

Si se comete un error en esta selección, es muy probable que los colores más claros queden tintados de los colores de las prendas más oscuras.

Según los tejidos	• Tejidos de origen natural. • Tejidos sintéticos. • Tejidos artificiales.
Según el color	• Blancas. • Claras. • Color. • Negras y azul marino.

1.1.1. Recogida de ropa de hogar y prendas de vestir

Al iniciar nuestra labor en casa del cliente, es necesario que la primera actuación sea la recogida de la ropa del hogar y las prendas de vestir para posteriormente continuar con la limpieza del hogar. Este es el orden lógico, ya que, por una parte, eliminaremos obstáculos que nos impidan realizar nuestras actividades convenientemente y, por otra parte, al manipular las sábanas, mantas y la ropa de cama en general, se suelen desprender pelusas y polvo que luego se recogerán con la limpieza.

Las prendas de vestir se recogerán y se guardarán en los lugares que nos haya indicado el cliente, teniendo en cuenta la ropa que va colgada en perchas y la que va doblada y guardada en cajones o baldas. Si es necesario que se sometan al proceso de lavado, se llevarán al lugar habilitado para la ropa sucia.

En cuanto a la ropa del hogar, debemos diferenciar los siguientes tipos:

- Lencería: son, por ejemplo, las sábanas y toallas. Las camas se harán a diario, teniendo en cuenta que las sábanas han de ser cambiadas, al menos, una vez a la semana. Con respecto a las toallas, hay que saber que si se acumulan en el cesto de ropa sucia pueden desprender olor a humedad, impregnando al resto de las prendas.

- Cortinas: se pactará con el cliente la periodicidad con la que se quieren retirar y proceder a su lavado, teniendo en cuenta el grado de suciedad y el tejido de las mismas. Para descolgarlas hay que hacerlo desde un lugar seguro, evitando sillas o escaleras que sean poco firmes.

- Ropa de cocina: las servilletas, manteles y paños de cocina deben reservarse apartados del resto de la ropa, ya que suelen ser prendas con mucha suciedad, por ejemplo, aceite, que podría manchar a otras.

- Ropa de limpieza: al igual que las anteriores, y debido también a los productos que se suelen utilizar, deben mantenerse alejadas del resto de ropa.

1.1.2. Características: fibras, colores, grado de suciedad, tamaño

Para que el proceso de lavado sea llevado a cabo con éxito, es necesario que se tengan en cuenta las características que poseen las prendas. Estas van a condicionar el lavado que se le aplique y el mantenimiento del buen estado de las prendas durante más tiempo.

Para ello se tendrán en cuenta los siguientes aspectos de las prendas: las fibras que hayan sido utilizadas en la elaboración de los tejidos, los colores, el grado de suciedad y el tamaño.

a) Las fibras. Los tejidos de la ropa de vestir y del hogar están compuestos por fibras que pueden ser de tres tipos: naturales, artificiales y sintéticas. Para llevar a cabo el lavado de las distintas prendas, es necesario conocer el material del que están elaboradas. Para ello es imprescindible consultar la etiqueta de la prenda, ya que, a simple vista, no siempre es sencillo diferenciarlas. En ocasiones podrán mezclarse algunas prendas elaboradas con distintos materiales, pero no siempre, ya que las necesidades de centrifugado, de dureza del lavado o de secado no son las mismas, incluso hay prendas que solo pueden ser lavadas en seco o a mano.

Las fibras de origen natural, como, por ejemplo, la lana, la seda, el lino o el algodón, necesitan lavados largos a temperatura fría. Si se elige que la temperatura sea más elevada debido a la suciedad, hay que tener en cuenta que la lana y el algodón pueden encoger y el lino se arruga excesivamente. Con respecto al centrifugado, hay que elegirlo correctamente, ya que también puede provocar que se arruguen más de lo deseable.

Los tejidos artificiales, como la viscosa, suelen ser delicados si se utiliza una temperatura elevada para su lavado.

En el caso de prendas deportivas, es esencial seguir ciertas pautas de lavado que preserven sus propiedades técnicas y eliminen eficazmente los malos olores. A continuación, se detallan recomendaciones clave para el cuidado adecuado de la ropa deportiva:

- Se recomienda lavar la ropa deportiva en la lavadora utilizando agua fría o tibia (entre 30 °C y 40 °C) y seleccionar ciclos suaves o delicados. Este método ayuda a preservar la integridad de los tejidos técnicos y evita su desgaste prematuro.

- Se evitarán suavizantes y blanqueadores que pueden deteriorar las fibras elásticas y técnicas de la ropa deportiva, afectando su funcionalidad y ajuste. Es preferible prescindir de estos productos durante el lavado.

- Se sugiere el lavado de prendas del revés para proteger las superficies exteriores de posibles daños y reducir el desgaste de los colores y estampados.

- Las prendas deportivas deben secarse al aire libre, ya que el uso de secadoras puede dañar las fibras elásticas y reducir la vida útil de las prendas.

- Para eliminar los olores difíciles, se pueden remojar las prendas en una solución de vinagre blanco destilado y agua fría (una parte de vinagre por cuatro de agua) durante 20-30 minutos antes del lavado. El vinagre actúa como desodorante y desinfectante natural.

Por último, los tejidos sintéticos deben lavarse con agua a temperatura media o fría.

b) Los colores. Los colores que poseen las prendas de ropa suelen ser proporcionados por distintos tipos de pigmentos de origen vegetal, mineral o sintético. El problema que plantea el lavado de prendas de distintos colores es que las prendas de colores más fuertes pueden  tintar a las prendas de colores más claros. La solución está en separar la colada en función del color de las prendas, haciendo al menos cuatro grupos como apuntábamos en el apartado anterior: colores claros, colores oscuros, ropa blanca y ropa negra o marina. De esta forma no solo conseguiremos que la ropa oscura no tinte a la clara, sino que también conservaremos durante más tiempo su color original.

c) Otra forma de clasificar las prendas para su lavado es según el grado de suciedad. Es necesario separar la ropa muy sucia de la menos sucia, así también sabremos qué ropa necesita un tratamiento especial. Generalmente estos tratamientos especiales pueden consistir en aplicar un prelavado o, si se trata de manchas que se prevea que no se van a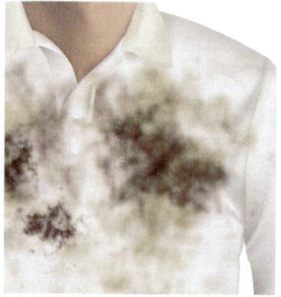

eliminar fácilmente, aplicar un producto que disuelva o ablande las manchas difíciles.

En casos de prendas especialmente sucias, será recomendable lavarlas por separado, ya que se corre el riesgo de que las otras prendas con las que comparte el lavado no queden correctamente limpias.

No es recomendable dejar las prendas muy sucias sin tratamiento durante mucho tiempo, ya que la suciedad se va incrustando cada vez más y se va dificultando la eliminación de las manchas.

d) El tamaño. El tamaño de la ropa que se va a lavar tiene también una gran importancia para el correcto lavado. Las lavadoras ejercen su función en base a tres elementos: el detergente, el volteo y la temperatura. Igualmente, las lavadoras están preparadas para una cantidad máxima de kilos de carga. En el caso de que las prendas que se van a lavar, debido a su tamaño, superen este límite, la ropa no podrá voltear adecuadamente, por lo que tampoco podrá ser enjuagada. Este hecho puede generar que la ropa quede con restos de detergente y que el lavado no sea adecuado. En estos casos es mucho mejor que las prendas de gran tamaño sean llevadas a lavanderías donde disponen de maquinaria industrial preparada para este tipo de prendas. Esta problemática podemos encontrarla en el lavado de mantas, edredones, cortinas, etcétera.

1.1.3. Tratamientos especiales: desmanchado

No en pocas ocasiones, el proceso de lavado no implica la eliminación de manchas. Con esto queremos decir que serán muchas la ocasiones en las que, una vez realizado el lavado de la prenda, haya manchas que persistan en la ropa.

Las manchas actúan de forma distinta en función del tipo de fibra con la que esté elaborada la prenda. Por ejemplo, las fibras naturales y artificiales presentan una mayor dificultad en la eliminación de manchas, sobre todo de líquidos, ya que poseen una gran capacidad de absorción. Sin embargo, los materiales sintéticos contienen componentes plásticos que funcionan como impermeables.

Como ya hemos comentado anteriormente, cuanto más tiempo se deje la mancha en la prenda, más difícil será luego eliminarla. Por ello, en el momento en el que la prenda se mancha, es conveniente realizar dos actuaciones:

- En primer lugar es necesario reducir la mancha en la medida de nuestras posibilidades para evitar que se extienda. Esto se puede hacer utilizando papel absorbente o un paño.

- Seguidamente es recomendable disolverla utilizando agua y algún producto lo antes posible.

También es importante saber que habrá mucha más garantía de éxito si la prenda se trata antes de ser lavada que cuando ya se ha llevado a cabo el proceso.

A continuación, se ofrece una lista con los tipos de manchas más habituales y los medios para eliminarlas:

MANCHAS MÁS FRECUENTES		
ACEITE: se pueden eliminar con polvo de talco aplicado en el momento en el que se produce la mancha. Con posterioridad es necesario desengrasante.	**ESMALTE DE UÑAS:** se puede aplicar quitaesmalte.	**MAQUILLAJE:** utilizar un desengrasante antes de meter en la lavadora y dejar actuar unos minutos.
BARRO: si está endurecido es necesario rasparlo y dejarlo en remojo una hora. Después lavar normalmente.	**CÉSPED:** poner la ropa en remojo en un recipiente con bicarbonato sódico y agua, y dejar actuar.	**PEGAMENTO:** se puede eliminar con alcohol.
BOLÍGRAFO: suele eliminarse con alcohol.	**CHICLE:** se introduce la prenda en el congelador y cuando se pone duro se raspa o se elimina con la mano.	**PINTURA:** el aguarrás suele dar buen resultado.
CAFÉ O TÉ: utilizar un quitamanchas.	**KÉTCHUP:** se deja la prenda en remojo y luego se aplica un producto desengrasante.	**SANGRE:** el agua oxigenada suele ser muy útil para este tipo de manchas.
CERA DE VELA: se puede raspar y luego planchar con algún tipo de papel absorbente encima.	**MANCHAS DE ÓXIDO:** son difíciles de quitar, pero se puede probar aplicando sal y limón y dejando actuar varias horas antes del lavado normal.	**VINO:** se puede utilizar oxígeno activo y después lavar normalmente.

Es muy importante realizar, antes de utilizar cualquiera de los productos recomendados, una prueba en alguna parte de la prenda que no sea muy visible, ya que en ocasiones pueden provocar el deterioro del tejido o el color.

1.1.4. Revisión de las prendas antes del lavado. Búsqueda de objetos: metálicos, de papel, etcétera

En el momento que se van a introducir las prendas en la lavadora es cuando se deben revisar para comprobar que no hay ningún objeto en los bolsillos. Los efectos de hacer la colada con algo entre la ropa pueden ser los siguientes:

- Si el objeto es de papel o cartón, puede deshacerse y en ocasiones, en el caso de servilletas de colores, pueden tintar la ropa estropeándola.

- En caso de objetos electrónicos como MP3 o *pendrives*, es muy problable que se estropeen y queden inservibles.

- Los objetos de hierro pueden oxidarse y manchar las prendas.

- En caso de otro tipo de objetos, puede acabar obstruyendo el desagüe de la lavadora.

Por todo ello, se deben revisar los bolsillos de la ropa e incluso los botones que pueden desprenderse fácilmente.

1.1.5. Interpretación del etiquetaje

Todas las prendas poseen unas etiquetas cuyo objetivo es la información sobre la misma. Los fabricantes están obligados a facilitar la necesaria para el consumidor de manera que les ofrezcan los datos sobre la composición, el origen de la prenda y la forma más recomendable de que sea lavada.

EJEMPLO DE ETIQUETA

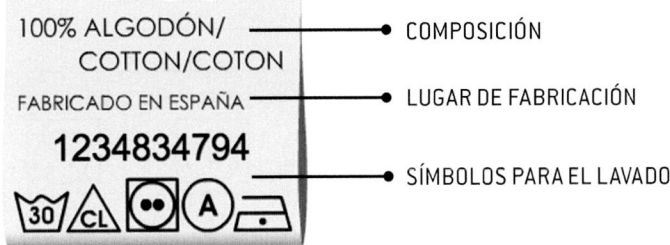

Toda la ropa debe llevar etiquetas en las que expliquen las instrucciones de lavado para que las prendas no se deterioren con los lavados o, al menos, asegurar la mayor vida útil posible.

Los símbolos para el lavado tienen el siguiente significado:

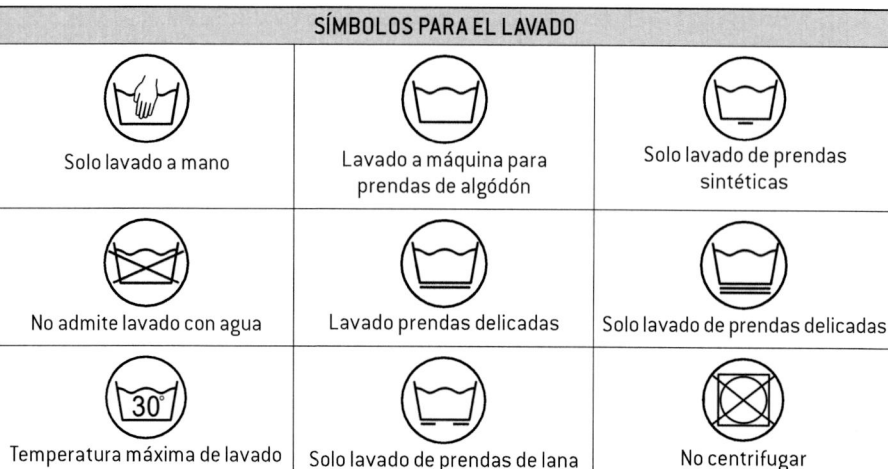

SÍMBOLOS PARA EL LAVADO

Solo lavado a mano	Lavado a máquina para prendas de algódón	Solo lavado de prendas sintéticas
No admite lavado con agua	Lavado prendas delicadas	Solo lavado de prendas delicadas
Temperatura máxima de lavado	Solo lavado de prendas de lana	No centrifugar

SÍMBOLOS PARA EL PLANCHADO

Admite planchado	No admite planchado	Planchado a temperatura alta (max. 200° C)	Planchado a temperatura media (max.150° C)	Planchado a temperatura baja (max.110° C)

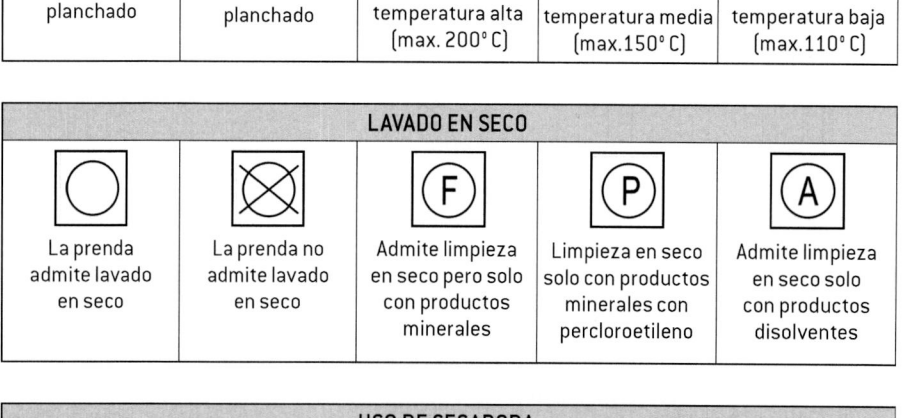

LAVADO EN SECO

La prenda admite lavado en seco	La prenda no admite lavado en seco	Admite limpieza en seco pero solo con productos minerales	Limpieza en seco solo con productos minerales con percloroetileno	Admite limpieza en seco solo con productos disolventes

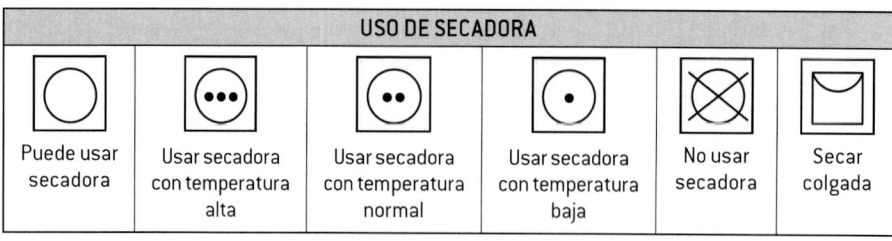

USO DE SECADORA

Puede usar secadora	Usar secadora con temperatura alta	Usar secadora con temperatura normal	Usar secadora con temperatura baja	No usar secadora	Secar colgada

USAR BLANQUEANTES

No admite lejía en el lavado	Admite lejía en el lavado	Admite lejía en el lavado	No admite ningún tipo de blanqueante en el lavado

1.2. Proceso de lavado manual de ropa de hogar y prendas de vestir

Existen dos métodos de lavado de ropa de hogar y prendas de vestir: el método manual y el método automático. En este apartado prestaremos atención al primero de ellos.

Aunque a día de hoy y debido a la mejora de los medios de lavado y a la incorporación de la mujer al mercado laboral, el proceso de lavado manual no es el más utilizado, aunque es necesario en algunos casos.

Como hemos visto en el apartado anterior, es importante revisar las etiquetas antes de realizar el lavado de las prendas. Es posible que en la etiqueta encontremos el siguiente símbolo, lo que nos indicará que esa prenda solo puede ser lavada a mano:

El proceso de lavado a mano será el siguiente:

1. Leer la etiqueta de la ropa, separando la que se deba lavar a mano de la que soporte el lavado automático. Asimismo, habrá que prestar atención a la temperatura máxima de lavado. Por norma general, la ropa blanca suele soportar más temperatura que la ropa de color.

2. Llenar un barreño o fregadero de agua y añadir el detergente. Será recomendable utilizar un detergente especial para lavado a mano. Respetar las indicaciones del fabricante en cuanto a cantidades.

3. Si son prendas blancas y se desea utilizar blanqueantes, será el momento de añadirlos.

4. La ropa se debe mover dentro del barreño hasta que esté totalmente mojada y enjabonada. Si tiene manchas, puede ser recomendable dejarla en remojo durante un tiempo.

5. Restregar la ropa, prestando atención a los lugares donde más suciedad pueda tener acumulada.

6. Vaciar el barreño o el fregadero y enjuagar la ropa hasta que el agua salga clara y sin jabón.

7. Escurrir y colgar la ropa para que se seque.

 Recomendaciones:

- Lavar las prendas de colores similares juntas.
- Utilizar un quitamanchas para las manchas difíciles.
- Si se va a utilizar un blanqueador, usar guantes.
- Revisar las etiquetas de las prendas para comprobar las instrucciones de lavado.

1.3. Proceso de lavado automático de ropa de hogar y prendas de vestir

El proceso de lavado automático es más efectivo que el manual, aunque es más lento. Es necesario el uso de una lavadora. Este electrodoméstico se encarga de hacer llegar los detergentes, blanqueantes y suavizantes a la ropa, a través del movimiento de las prendas dentro de ella. Para ello, la ropa se deposita en un tambor, donde, una vez iniciado el lavado, será inyectada el agua, mezclándola con los productos de lavado y la ropa. Es el movimiento de este tambor el que facilita esta mezcla.

La lavadora tiene una serie de programas adaptados a cada tipo de tejido. Aunque cada fabricante de lavadoras sugiere unos programas distinos, por lo general, todas poseen lavados especiales para:

- Ropa blanca: ropa resistente. Suelen ser lavados largos.

- Ropa de color: para ropa resistente. Suelen ser más cortos que los anteriores.

- Ropa delicada: son lavados para ropa delicada y suelen ser de menor duración que los anteriores.

- Suavizante: solo para aplicar este producto a los tejidos.

- Centrifugado: solo para que la ropa se escurra.

- Aclarado: solo para aclarar las prendas.

- Vaciado: está destinado a vaciar el tambor de la lavadora.

En determinadas lavadoras, también se incluyen lavados para zapatos, lavados para media carga, lavado para ropa de lana o seda, etc. En algunas existe la función del lavado diferido, pudiendo programar la hora en la que se desea que comience el lavado.

Recomendaciones para lavado automático:

- Respetar las indicaciones del fabricante.

- Clasificar la ropa.

- Utilizar quitamanchas antes del lavado en manchas difíciles.

- Comprobar que el tambor de la ropa está lleno, pero que queda espacio suficiente para que la ropa se mueva.

- Poner el detergente, suavizante y blanqueante en los cajones destinados para ello.

1.3.1. Tipología de electrodomésticos: lavadora, secadora, lavadora-secadora

Los tres electrodomésticos dedicados al lavado de la ropa son la lavadora, la secadora y, una máquina mixta que hace las funciones de lavar y secar, la lavadora-secadora.

a) Lavadora

Es un electrodoméstico destinado al lavado automático de la ropa. Consta de un tambor en el que se depositan las prendas y un motor que se encarga de transmitir el movimiento al tambor. Por otra parte, el detergente, que se deposita en una cubeta, es mezclado con el agua que se introducirá en el tambor y que, a través del movimiento del tambor, se mezclará con la ropa, produciendo así el lavado de la misma.

Las lavadoras pueden ser de carga superior o de carga frontal. Las de carga superior tienen la puerta de entrada al tambor por la parte superior del electrodoméstico. Así se evita que la persona encargada del lavado tenga que agacharse para introducir la ropa en el interior.

Existen distintos modelos de lavadoras con diferentes cualidades, entre las que podemos nombrar las siguientes:

- Variedad en la cantidad de programas.

- Revoluciones del tambor, es decir, cantidad de vueltas por minuto que da el tambor. De ellas depende que la ropa salga más o menos centrifugada.

- Cantidad de kilos que se puede cargar en la lavadora. Las lavadoras domésticas pueden cargar entre 5 y 9 kilos de ropa en su tambor.

- Tiempos de lavado. Es muy variable, ya que en función del programa, así será la duración del lavado.

- Elección de temperatura.

- Clasificación energética.

b) Secadora

Es un electrodoméstico muy parecido a la lavadora aunque su función es la de secar la ropa. Consta de un tambor en el que se introducirá la ropa húmeda y, a través de una corriente de aire interna y el movimiento del tambor, se produce el secado de las prendas.

c) Lavadora-secadora

Es un electrodoméstico que agrupa los dos anteriores en el mismo aparato. Una vez que el lavado ha terminado, comienza el proceso de secado.

La principal ventaja que tiene este electrodoméstico es el ahorro de espacio.

1.3.2. Interpretación de manuales de funcionamiento de electrodomésticos

Los fabricantes de todos los electrodomésticos aportan una documentación con todos los datos que pueden interesar a los consumidores. Entre otros, estos datos son los siguientes:

- La especificación técnica de la máquina.

- Los datos del fabricante y forma de contactar con el servicio técnico.

- Las advertencias de seguridad.

- Las instrucciones de montaje.

- Las instrucciones de uso.

- Las instrucciones de mantenimiento.

Las lavadoras y secadoras requieren de unos mínimos conocimientos para su instalación, así como para su transporte. Normalmente el transporte suele ser realizado por el personal del establecimiento donde se adquiere, pero no siempre son ellos los que instalan estos electrodomésticos, por lo que habrá que leer con atención las indicaciones que aporta el fabricante para evitar que, por una instalación incorrecta, el electrodoméstico quede dañado.

Es siempre recomendable la lectura de estas instrucciones con anterioridad a la manipulación del aparato.

1.3.3. Utilización de aparatos electrodomésticos

Como ya hemos comentado, los aparatos electrodomésticos dedicados al alvado de la colada serán las lavadoras y secadoras. Aunque aparentemente su uso puede parecer complicado debido al elevado número de mandos, botones y funciones, la tendencia de los fabricantes es hacer su uso cada vez más intuitivo y, por consiguiente, más fácil.

- **Lavadora**

  Para que el hecho de realizar el lavado de la ropa sea un éxito, es necesario tener dos datos: la información de la etiqueta de las prendas y los programas con los que cuenta la lavadora que se va a utilizar.

Con respecto a lo primero, ya se ha aportado la información sobre la interpretación del etiquetaje. En relación con lo segundo, incluimos una tabla con los programas más usuales:

PROGRAMA	TIPO DE PRENDA
ALGODÓN	Ropa de cama, mantelerías, ropa interior, toallas, etc., de algodón con suciedad de normal a elevada.
SINTÉTICOS	Blusas, camisas, etc., de poliéster o poliamida, aunque estén mezcladas con algodón, cuyo grado de suciedad sea de leve a normal.
DELICADOS	Prendas delicadas (faldas, blusas, vestidos, etcétera).
LAVADO RÁPIDO	Ropa poco usada.
LANA	Solo prendas de lana.
LAVADO A MANO	Textiles etiquetados como «lavado a mano».
LENCERÍA	Programa para lavado de lencería fina.
CENTRIFUGADO	Se utiliza si la ropa necesita ser escurrida.
ACLARADO	Programa pensado para volver a aclarar la ropa.
PRELAVADO	Se utiliza en ropa muy sucia.

El proceso de puesta en marcha del lavado es el siguiente:

— Seleccionar la ropa en función del tipo de suciedad y del color.

— Introducirla en el tambor de la lavadora.

— Seleccionar el programa adecuado en base a la ropa que se ha introducido en la lavadora.

— Poner el detergente, suavizante y blanqueante en la cubeta destinada para tal fin.

— Pulsar botón de inicio.

— Cuando termine el lavado, esperar al desbloqueo de la puerta para abrirla.

• **Secadora**

En el caso de las secadoras, también incluyen distintos programas de secado. Por ello, también es necesario conocer las indicaciones del fabricante de las prendas en cuanto a la temperatura que se puede aplicar en el secado, así como los programas disponibles.

PROGRAMA	TIPO DE ROPA
ALGODÓN	Ropa blanca o de color de algodón o lino. Ropa resistente a temperatura alta.
SINTÉTICOS	Textiles sintéticos de distintas fibras o algodón delicado. Pueden soportar temperaturas medias o bajas.
PROGRAMAS ESPECIALES	Prendas delicadas, algodón, seda o sintéticos que soportan solo temperaturas bajas para el secado.
AIREAR	La ropa se ventila con aire sin calor.

El proceso de puesta en marcha de la secadora es el siguiente:

— Separar la ropa en función del color y temperatura que soportan.

— Introducir las prendas en la secadora.

— Seleccionar el programa adecuado al tipo de ropa introducida.

— Puesta en marcha de la secadora.

— Una vez que finalice el programa, descargar la secadora para evitar que la ropa se arrugue en su interior.

1.3.4. Técnicas de conservación de maquinaria

Cualquier electrodoméstico que tengamos necesita un mantenimiento. Del mantenimiento dependerá la calidad de los resultados, las averías y la vida de la máquina.

a) Conservación de la lavadora

La lavadora es un electrodoméstico que está en constante contacto con el agua. El agua de la red de suministro público suele tener altas cantidades de cal que ponen en peligro la vida útil de las lavadoras, siendo este uno de los principales generadores de averías.

Las principales recomendaciones para un correcto mantenimiento de las lavadoras son las siguientes:

• Evitar la sobrecarga. Es necesario comprobar que hay espacio suficiente dentro del tambor para que las prendas se muevan.

• Ventilar el tambor para evitar que se forme moho en su interior.

• Limpiar la junta de goma para evitar que se acumule suciedad.

• Limpiar el cajetín del detergente eliminando los restos de detergente.

• Limpiar el filtro, eliminando los restos que se acumulen.

b) Conservación de la secadora

El mecanismo de una secadora es más sencillo, por lo que el mantenimiento también lo es. Se proponen los siguientes métodos de conservación:

- Evitar introducir la ropa muy mojada. Debe estar suficientemente centrifugada.

- Limpiar los filtros.

- Retirar el agua de la bandeja.

- Limpiar el exterior del electrodoméstico.

1.4. Técnica de tendido y recogida de ropa

Una vez que la ropa está lavada, el siguiente paso es el secado. Este proceso se puede hacer bien como hemos visto antes, a través del uso de la secadora mecánica o bien, como veremos ahora, de forma manual.

Se propone una serie de sugerencias que facilitarán el secado de la colada:

- Es preferible que la colada no se coloque para su secado directamente al sol, ya que desgasta los colores.

- Habrá que evitar los lugares húmedos porque aumentarán los tiempos de secado y es posible que la ropa adquiera olor a humedad.

- Los días de viento son idóneos para el secado. El viento hará que se sequen rápidamente.

- Antes de proceder al tendido, es importante sacudir y estirar las prendas.

- El uso de pinzas de plástico es más recomendable que el madera, ya que puede manchar las prendas.

- Las pinzas se deben colocar cerca de las costuras para evitar que se noten las marcas.

- Las prendas de gran tamaño, como las sábanas, se pueden tender dobladas, pero hay que tener en cuenta que tardarán más en secarse.

- Es recomendable no dejar la ropa seca tendida más tiempo del necesario, ya que se puede poner muy áspera, adquirir olores indeseados y asumir las formas del tendedero donde estén colocadas.

- Si la ropa se tiende del revés, aumentará su duración y mejorará su apariencia.

- Las prendas delicadas que tienden a arrugarse mucho, se pueden tender en una percha para reducir el número de arrugas.

- A la hora de la recogida, se separarán las prendas teniendo en cuenta las que se tengan que planchar y las que se vayan a doblar y guardar directamente.

1.5. Aplicación de productos específicos de lavado y desmanchado

En el mercado existe un gran número de productos que se pueden utilizar para el lavado. Los más difícil es elegir uno que sea adecuado a las necesidades que tengamos y cuyos resultados sean satisfactorios. Para ello deberemos tener en cuenta tres aspectos fundamentales:

- El tipo de tejido.

- El tipo de mancha.

- El producto elegido.

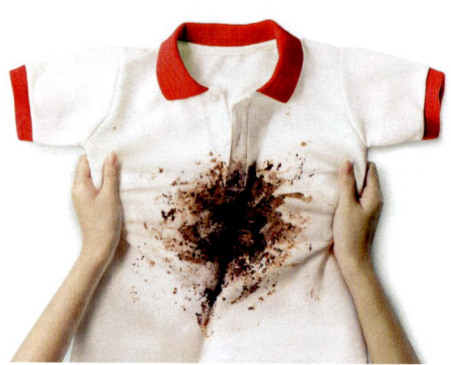

En relación con los tipos de tejidos, ya hemos explicado con anterioridad el significado de los dibujos que incluyen las etiquetas de las prendas.

Con respecto al tipo de mancha, es importante saber que cada mancha requiere un tratamiento distinto. Por ejemplo, las manchas de aceite, pintura de labios, césped, café, etc., no responden de igual manera con el uso del mismo producto. A día de hoy, existen en el mercado productos específicos para cada tipo de mancha, aunque también hay una gran cantidad de remedios caseros que pueden ayudar.

Si nos referimos al producto elegido, tendremos que comprobar que existe compatibilidad entre el producto y el tejido en el que se va a aplicar, y para ello deberemos leer la etiqueta tanto del producto como de la prenda.

Si las manchas son difíciles, se pueden dejar en remojo o se puede dejar actuar el producto durante más rato, siempre siguiendo las indicaciones del fabricante. En el caso de que la mancha sea reciente, se puede aplicar un quitamanchas justo antes del lavado.

> **SABÍAS QUE...**
>
> Cuando una prenda sale de la lavadora aún con manchas, será más difícil eliminarlas si se seca.
>
> Si se plancha, aún será más complicado, ya que la mancha quedará termosellada a la prenda.

1.5.1. Técnicas de manipulación de productos específicos de lavado y desmanchado

La gran cantidad de productos químicos que se ofrecen en el mercado hace que la elección no sea fácil. Es importante seguir las instrucciones del fabricante con el objetivo de no cometer errores que puedan estropear la prenda. Los fallos en la manipulación de los productos pueden generar tanto daños en los tejidos como en la persona que los manipule.

En relación con los tejidos, una mala manipulación puede ocasionar los siguientes efectos:

- Decoloración de la prenda. Puede ocurrir cuando se utiliza lejía.

- Rotura del tejido. Algunos tejidos son tan delicados que se puede provocar la rotura del mismo en el caso de utilizar productos muy agresivos.

- Espuma. Por lo general, todos los productos generarán espuma, pero una gran cantidad de ella va a dificultar el lavado de la prenda.

- Extensión de la mancha. En el caso de uso de productos inadecuados, las manchas, al contrario de desaparecer, pueden extenderse.

- Manchas en los tejidos por un uso inadecuado de los productos. Para evitarlo haremos una prueba en algún lugar que no se vea.

Con respecto a la persona que manipule los productos el principal efecto será que se genere una reacción química producida por la mezcla de productos incompatibles.

Para evitar que se produzca daño en la persona, se deberán seguir las siguientes indicaciones:

- Utilizar guantes cuando se manipule un detergente.

- Evitar mezclas de productos.

- Seguir las instrucciones del fabricante.

- Mantener los envases de los productos cerrados para evitar derrames.

1.5.2. Dosificación de productos específicos de lavado y desmanchado

Un aspecto que se debe tener en cuenta a la hora de utilizar un producto de lavado y desmanchado es la dosificación de dicho producto, esto es, la cantidad que se tiene que utilizar.

Para decidir la dosificación más adecuada, tendremos en cuenta dos aspectos:

- La dureza del agua.
- La suciedad de la prenda.

Cuando hablamos de dureza del agua, nos referimos a la cantidad de cal que contiene el agua. Las aguas con una mayor cantidad de cal precisan mayores cantidades de detergente. A este respecto, existen tres tipos de aguas:

- Aguas blandas.
- Aguas medias.
- Aguas duras.

En relación con la suciedad de las prendas, cuanto mayor sea este parámetro, mayor será la cantidad de detergente que se debe utilizar.

Ante cualquier duda que pueda surgirnos, en el embalaje o envase del producto, el fabricante incluye indicaciones de las cantidades de producto que hay que utilizar.

1.5.3. Interpretación de etiquetaje

En los envases de los productos se incluyen las etiquetas en las que podemos encontrar la siguiente información:

- El nombre del producto.
- El tipo de producto.
- La guía de dosificación. Es en este aparto nos indica la cantidad de producto que se debe utilizar según las variables comentadas anteriormente. La medida que se propone va en función del vaso dosificador que incluyen los detergentes, suavizantes o quitamanchas, en ocasiones son los tapones.
- Ingredientes contenidos en el producto.
- Información de seguridad.
- Cantidad de lavados. Se refiere a la cantidad de lavados que se podrán llegar a hacer con la cantidad contenida en el envase.
- Información sobre el tratamiento de reciclado del envase.
- Información del fabricante.

- Indicaciones de peligro y seguridad. Las indicaciones de peligro y seguridad se refieren a los pictogramas indicativos del tipo de peligro que puede conllevar la manipulación de los distintos productos. Son los siguientes:

PELIGROS FÍSICOS Y QUÍMICOS		
	Explosivo	**Clasificación**: explosivo inestable, explosivo, peligro de explosión en masa, explosivo, grave peligro de proyección, explosivo, peligro de incendio, de onda expansiva o de proyección. **Precaución**: mantener alejado de fuentes de calor, chispas, llama abierta o superficies calientes. No fumar. Llevar guantes, prendas, gafas, máscara de protección. Utilizar el equipo de protección individual obligatorio. Riesgo de explosión en caso de incendio.
	Inflamable	**Clasificación**: gas extremadamente inflamable, gas inflamable, aerosol extremadamente inflamable, aerosol inflamable, líquido y vapores muy inflamables, líquido y vapores inflamables, sólidos inflamables. **Precaución**: no pulverizar sobre una llama abierta u otra fuente de ignición. Mantener alejado de fuentes de calor, chispas, llama abierta o superficies calientes. No fumar. Mantener el recipiente cerrado herméticamente. Mantener en lugar fresco. Proteger de la luz del sol.
	Gas a presión	**Clasificación**: contiene gas a presión, peligro de explosión en caso de calentamiento. Contiene gas refrigerado, puede provocar quemaduras o lesiones criogénicas. **Precaución**: proteger de la luz del sol. Llevar guantes, gafas, máscara que aíslen del frío. Consultar a un médico inmediatamente.
	Corrosivo	**Clasificación**: puede ser corrosivo para los metales. Provoca quemaduras graves en la piel y lesiones oculares graves. **Precaución**: no respirar el polvo, el humo, el gas, la niebla, los vapores, el aerosol. Lavarse concienzudamente tras la manipulación. Llevar guantes, prendas, gafas, máscara de protección. Guardar bajo llave. Conservar únicamente en el recipiente original.

PELIGROS FÍSICOS Y QUÍMICOS		
	Comburente	**Clasificación:** puede provocar o agravar un incendio; comburente. Puede provocar un incendio o una explosión; muy comburente. **Precaución:** mantener alejado de fuentes de calor, chispas, llama abierta o superficies calientes. No fumar. Llevar guantes, prendas, gafas, máscara de protección. Aclarar inmediatamente con agua abundante las prendas y la piel contaminadas antes de quitarse la ropa.
PELIGROS PARA LA SALUD		
	Toxicidad aguda	**Clasificación:** mortal en caso de ingestión. Mortal en contacto con la piel. Mortal en caso de inhalación. Tóxico en caso de ingestión. Tóxico en contacto con la piel. Tóxico por inhalación. **Precaución:** lavarse concienzudamente tras la manipulación. No comer, beber ni fumar durante su utilización. En caso de ingestión, llamar inmediatamente a un centro de información toxicológica o a un médico. Enjuagarse la boca. Almacenar en un recipiente cerrado. Evitar el contacto con los ojos, la piel o la ropa. Llevar guantes, prendas, gafas, máscara de protección. En caso de contacto con la piel, lavar suavemente con agua y jabón abundantes. Quitarse inmediatamente las prendas contaminadas. Lavar las prendas contaminadas antes de volverlas a utilizar. No respirar el polvo, el humo, el gas, la niebla, los vapores, el aerosol. Utilizar únicamente en exteriores o en un lugar bien ventilado. Llevar equipo de protección respiratoria. En caso de inhalación, trasportar a la víctima al exterior y mantenerla en reposo en una posición confortable para respirar. Guardar bajo llave.
	Peligros para la salud	**Clasificación:** puede irritar las vías respiratorias. Puede provocar somnolencia o vértigo. Puede provocar una reacción alérgica en la piel. Provoca irritación ocular grave. Provoca irritación cutánea. Nocivo en caso de ingestión. Nocivo en contacto con la piel. Nocivo en caso de inhalación. Nocivo para la salud pública y el medio ambiente por destruir el ozono estratosférico. **Precaución:** evitar respirar el polvo, el humo, el gas, la niebla, los vapores, el aerosol. Utilizar únicamente en exteriores o en un lugar bien ventilado. En caso de inhalación, transportar a la víctima al exterior y mantenerla en reposo

	Peligros para la salud	en una posición confortable para respirar. En caso de ingestión, llamar a un centro de información toxicológica o a un médico en caso de malestar. Llevar guantes, prendas, gafas, máscara de protección. En caso de contacto con la piel, lavar con agua y jabón abundantes. En caso de contacto con los ojos, aclarar cuidadosamente con agua durante varios minutos. Quitar las lentes de contacto, si lleva y resulta fácil. Seguir aclarando. No comer, beber ni fumar durante su utilización.
	Peligro grave para la salud	**Clasificación:** puede irritar las vías respiratorias. Puede provocar somnolencia o vértigo. Puede provocar una reacción alérgica en la piel. Provoca irritación ocular grave. Provoca irritación cutánea. Nocivo en caso de ingestión. Nocivo en contacto con la piel. Nocivo en caso de inhalación. Nocivo para la salud pública y el medio ambiente por destruir el ozono estratosférico. **Precaución:** ingestión y penetración en las vías respiratorias. Perjudica a determinados órganos. Puede perjudicar a determinados órganos. Puede perjudicar la fertilidad o al feto. Se sospecha que daña la fertilidad o al feto. Puede provocar cáncer. Se sospecha que provoca cáncer. Puede provocar defectos genéticos. Se sospecha que provocar defectos genéticos. Puede provocar síntomas de alergia o asma o dificultades respiratorias en caso de inhalación. En caso de ingestión, llamar inmediatamente a un centro de información toxicológica o a un médico. No provocar el vómito. Guardar bajo llave. No respirar el polvo, el humo, el gas, la niebla, los vapores, el aerosol. Lavarse concienzudamente tras la manipulación. No comer, beber ni fumar durante su utilización. Consultar a un médico en caso de malestar. En caso de exposición, llamar a un centro de información toxicológica o a un médico. Solicitar instrucciones especiales antes del uso. No manipular la sustancia antes de haber leído y comprendido todas las instrucciones de seguridad. Utilizar el equipo de protección individual obligatorio. En caso de exposición manifiesta o presunta, consultar a un médico. Evitar respirar el polvo, el humo, el gas, la niebla, los vapores, el aerosol. En caso de ventilación insuficiente, llevar equipo de protección respiratoria. En caso de inhalación, si respira con dificultad, transportar a la víctima al exterior y mantenerla en reposo, en una posición en la que pueda respirar confortablemente.

PELIGROS PARA LA SALUD		
	Corrosivo	**Clasificación:** provoca quemaduras graves en la piel y lesiones oculares graves. **Precaución:** no respirar el polvo, el humo, el gas, la niebla, los vapores, el aerosol. Lavarse concienzudamente tras la manipulación. Llevar guantes, prendas, gafas, máscara de protección. Guardar bajo llave. Conservar únicamente en el recipiente original.
PELIGROS PARA EL MEDIO AMBIENTE		
	Peligro para el medio ambiente	**Clasificación:** en el caso de ser liberado en el medio acuático y no acuático puede producirse un daño del ecosistema por cambio del equilibrio natural, inmediatamente o con posterioridad. Ciertas sustancias o sus productos de transformación pueden alterar simultáneamente diversos compartimentos. **Precaución:** según sea el potencial peligro, no dejar que alcancen la canalización, en el suelo o en el medio ambiente. Observar las prescripciones de eliminación de residuos especiales.

Los efectos negativos que pueden provocar las sustancias peligrosas son los siguientes:

MUY TÓXICOS	Las sustancias y preparados que, por inhalación, ingestión o penetración cutánea en muy pequeña cantidad, puedan provocar efectos agudos o crónicos e incluso la muerte.
TÓXICOS	Las sustancias y preparados que, por inhalación, ingestión o penetración cutánea en pequeñas cantidades, puedan provocar efectos agudos o crónicos e incluso la muerte.
NOCIVOS	Las sustancias y preparados que, por inhalación, ingestión o penetración cutánea, puedan provocar efectos agudos o crónicos e incluso la muerte.
CORROSIVOS	Las sustancias y preparados que, en contacto con tejidos vivos, puedan ejercer una acción destructiva de los mismos.
PELIGROSOS PARA EL MEDIO AMBIENTE	Las sustancias o preparados que presenten o puedan presentar un peligro inmediato o futuro para uno o más componentes del medio ambiente.

1.6. Procedimientos de adecuación de espacios para efectuar los trabajos de: lavado, secado, tendido de ropa, recogida de ropa

Los procesos de lavado, secado, tendido y recogía de ropa necesitan de unos lugares habilitados para tal fin. En muchas ocasiones, nos encontraremos con que el domicilio carece de espacio suficiente para llevar a cabo estas actividades y habrá que adaptarse. De cualquier manera, se necesitarán unas condiciones mínimas de espacio e higiene.

Las siguientes recomendaciones serán muy útiles para la organización de estas tareas:

- **Para el lavado:**
  - Guardar los productos de limpieza que estén relacionados con el lavado de la colada en el mismo lugar.
  - Situar la ropa sucia en un cubo o bidón que esté aireado. Este bidón debe estar cerca de la lavadora, aunque en algunos domicilios puede estar situado en el cuarto de baño u otros lugares.
  - Utilizar un espacio libre de peligro y manchas para separar la ropa antes de cada lavado.

- **Para el secado:**
  - Facilitar que la distancia entre la lavadora y la secadora sea mínima, pero que permita trabajar.
  - Si lo anterior no fuera posible y hubiera que transportar la ropa de un electrodoméstico a otro, utilizar una canasta que evite que la ropa caiga al suelo, ya que podría ensuciarse de nuevo.

- **Tendido de ropa:**
  - La ropa debe situarse en una canasta para trasladarla desde la lavadora hasta el lugar habilitado para el tendido.
  - El lugar habilitado para el tendido debe estar situado donde no reciba el sol directamente y donde no haya humedad.
  - El secado se hará más rápido si además está situado en un lugar donde corra el aire.

- **Recogida de ropa:**
  - La ropa se recogerá desde el tendedero y se situará en una canasta para facilitar su recogida.

— Posteriormente se colocará en un lugar que esté despejado donde haya suficiente espacio como para doblarla y reservarla hasta que sea guardada en su lugar.

1.7. Origen de las incidencias del proceso de lavado

El proceso de lavado incluye varias fases que podríamos concretar en las siguientes:

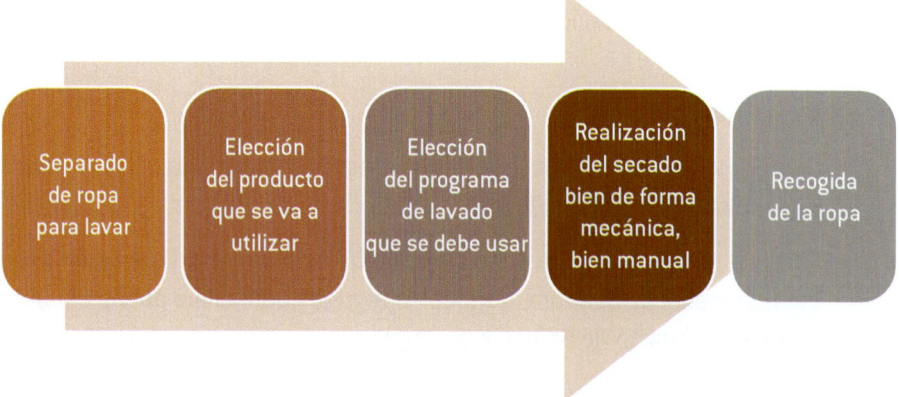

Dentro de estas fases pueden surgir incidencias que podríamos resumir en las siguientes:

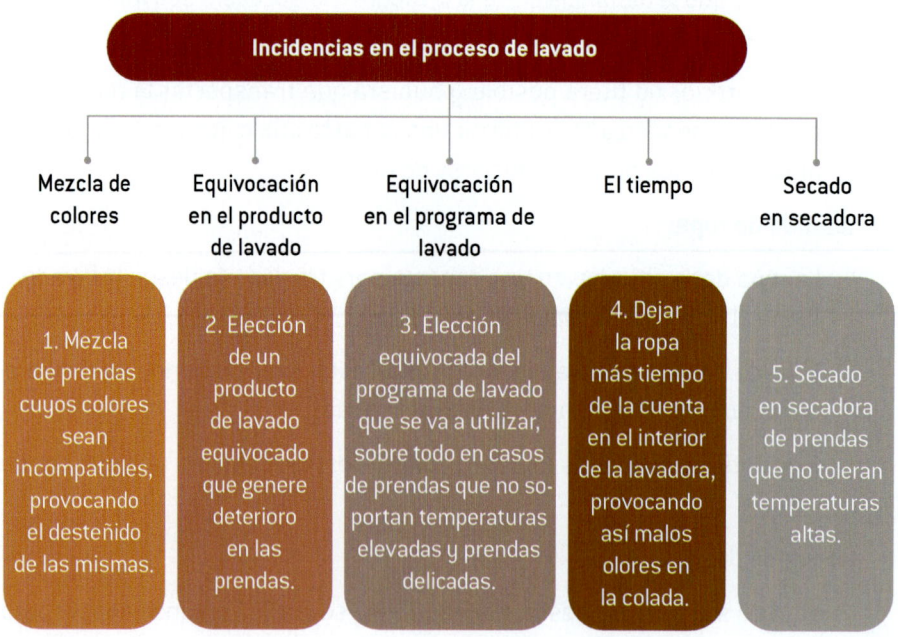

1.7.1. Productos de lavado

Las incidencias que puede provocar un uso equivocado de los productos de lavado son las siguientes:

- En cuanto a la cantidad que se debe utilizar del producto, podemos encontrarnos con que la cantidad utilizada sea escasa, en tal caso no se producirá un lavado adecuado, o que sea excesiva, en cuyo caso puede ser que queden restos de detergente en las prendas. Para eliminarlos totalmente, es necesario volver a lavar la ropa.

- En cuanto al uso de blanqueantes en prendas que no lo toleran, los efectos son irreparables, ya que las decoloraciones que se quedan en las prendas no se pueden eliminar.

Para evitar que las prendas se deterioren o tengan que ser lavadas de nuevo, se aportan las siguientes recomendaciones:

- Leer la etiqueta de la prenda antes de proceder al lavado.

- Leer la etiqueta del producto elegido para saber si existe compatibilidad entre este y el tejido que se va a lavar.

- Utilizar una temperatura adecuada, ya que a altas temperaturas los efectos de los productos se potencian.

1.7.2. Clasificación incorrecta

El momento de la clasificación de las prendas que pueden ser lavadas juntas es muy importante, ya que una clasificación errónea puede traer consecuencias irreparables. Las principales incidencias a este respecto son las siguientes:

- Mezcla de tejidos delicados con resistentes, aplicando un lavado destinado a los resistentes, puede provocar los siguientes efectos: arrugas en los tejidos delicados que, en función de la intensidad del lavado, no puedan eliminarse; encogido de la ropa delicada debido al uso de una temperatura elevada.

- Mezcla de prendas de distintos colores que puedan desteñir, puede tener las siguientes consecuencias: los tejidos más claros pueden quedar con manchas de colores de los tejidos más oscuros; los tejidos oscuros pueden perder intensidad en sus colores.

- Mezcla de ropa con distintos tipos de suciedad, como, por ejemplo, aceite, pudiendo provocar el manchado de los textiles menos sucios.

1.7.3. Exceso de carga

Las lavadoras están indicadas para una cantidad de ropa limitada. Por lo general, las lavadoras domésticas suelen ser de 5 o 7 kilos de carga. Es importante que esta cantidad no se supere, ya que podrá provocar los siguientes efectos:

- Que la ropa no quede limpia, ya que no habrá sitio para que la ropa se mueva dentro del tambor.

- Los productos no se disolverán completamente quedando restos en la ropa.

- Que la ropa salga más arrugada.

- La lavadora trabajará más de la cuenta, reduciendo su vida útil.

EN ESTE CAPÍTULO HEMOS APRENDIDO A:

- Clasificar las prendas para su lavado en función del color, tejido de fabricación, etcétera.

- Diferenciar los tejidos naturales, artificiales y sintéticos.

- Interpretar las etiquetas de las prendas y a reconocer la información importante para el lavado.

- Interpretar las etiquetas de los productos de limpieza y a identificar la información relevante para evitar incidencias en el lavado.

- Llevar a cabo el lavado de la ropa a través de medios manuales y mecánicos, siendo estos últimos los más efectivos y rápidos.

- Utilizar los programas más frecuentes de las secadoras mecánicas.

- Llevar un correcto mantenimiento de las lavadoras y secadoras, y a conocer la importancia que tiene, ya que alarga la vida útil del electrodoméstico.

- Tender la ropa en los lugares y formas adecuados para que la duración de la misma sea mayor.

- Reconocer los pictogramas los productos de limpieza para conocer cuáles son los riesgos que conlleva su utilización.

- Identificar las variables que influyen en el uso de una cantidad mayor o menor de detergente.

EJERCICIOS DE REPASO Y AUTOEVALUACIÓN

1.1. ¿Qué significa el siguiente pictograma?

   a) Que la prenda solo puede lavarse a mano.

   b) Que la prenda se puede lavar a mano además de a máquina.

   c) Que la prenda está elaborada a mano.

1.2. Selecciona la frase incorrecta:

   Para un correcto tendido de las prendas, ser recomienda:

   a) Utilizar pinzas de madera.

   b) Secar en lugares donde no haya humedad.

   c) Colocar el tendedero en lugares donde la luz del sol no dé directamente.

   d) Colocar las pinzas en los lugares más cercanos a las costuras.

1.3. ¿Qué dos criterios de clasificación de prendas de vestir se utilizan para un correcto lavado?

1.4. ¿Qué tres tipos de fibras con las que se fabrican los textiles existen?

1.5. Completa la siguiente frase:

   Toda la ropa debe llevar _____ en las que expliquen las instrucciones de lavado para que las prendas no se _____ con los lavados.

1.6. Si quisiéramos lavar una camisa de seda en la lavadora, ¿qué programa utilizaríamos?

1.7. ¿Qué electrodomésticos se utilizan en el proceso de higienización de las prendas textiles?

1.8. Completa la siguiente frase:

   Del mantenimiento de los electrodomésticos dependerá la _____, _____, y la _____ de la máquina.

1.9. ¿De qué dos aspectos depende la dosificación del detergente?

1.10. ¿Qué precauciones se deben tomar si encontramos en un envase de producto de limpieza el siguiente pictograma?

2. Técnicas de cosido básico y planchado de ropa de hogar y prendas de vestir

Introducción

El cosido de las prendas de vestir, así como de la ropa del hogar, ha supuesto siempre una preocupación para los empleados domésticos. Es una manera de alargar la vida útil de las prendas o de crear prendas nuevas de un trozo de tela.

En este apartado nos centraremos en el cosido que va dirigido a mantener la ropa y que busca reparar las que están deterioradas.

El planchado ha sido, durante siglos, un signo de refinamiento y más elevada clase social. En épocas anteriores, el hecho de llevar la ropa sin arrugas suponía un gran trabajo. No fue hasta 1882 cuando se inventó la plancha eléctrica y facilitó esta labor tan ardua.

En la actualidad parece que el interés por llevar la ropa planchada se está perdiendo, en determinados sectores de la sociedad, aunque por lo general no está bien visto que la ropa que usemos esté arrugada.

Si quieres saber más, escanea este QR.

Contenido

2.1. Selección de técnicas de cosido: tipos y características de tejidos

2.2. Utilización de útiles de costura

2.3. Ordenación del costurero

2.4. Proceso de planchado

2.5. Proceso de colocación en espacios habilitados

2.6. Técnicas de adecuación de espacio para ejecutar las tareas de planchado

Objetivos

En este capítulo vamos a aprender a:

- A conocer las técnicas sencillas de cosido.

- A conocer e identificar los útiles que podemos utilizar en los distintos procedimientos de cosido.

- A conocer cómo realizar el planchado de una prenda interpretando el etiquetaje de la misma.

- A identificar las fases que comprende el proceso de planchado.

- A organizar el espacio de trabajo para ejecutar convenientemente las tareas de planchado.

2.1. Selección de técnicas de cosido: tipos y características de tejidos

El cosido puede realizarse de forma manual o a través de la máquina de coser. En este apartado explicaremos los tipos de costura básica. Se pueden resumir en tres:

- Costura sencilla: se usa para los dobladillos.

- Costura hacia atrás: es más reforzada que la costura sencilla.

- Costura francesa: se utiliza para unir dos tejidos.

Hay unas actuaciones que se pueden llevar a cabo con los tejidos en función de nuestras necesidades y que son las siguientes:

A la hora de seleccionar un tipo u otro de cosido, es necesario conocer con qué tipo de fibra está elaborada la prenda.

Esto es importante por dos motivos:

- En función del tipo de tejido habrá que elegir un método u otro.

- La prenda se debe atravesarse con una aguja y con el hilo, y es posible que se pueda romper, estropeando la estética de la prenda.

Los tejidos están formados por fibras que pueden ser naturales, artificiales o sintéticas.

2.2. Utilización de útiles de costura

Los útiles de costura deben ser elegidos una vez que se conoce la técnica que se va a utilizar y el tipo de tejido con el que se va a trabajar. Los útiles de costura más usuales son los siguientes:

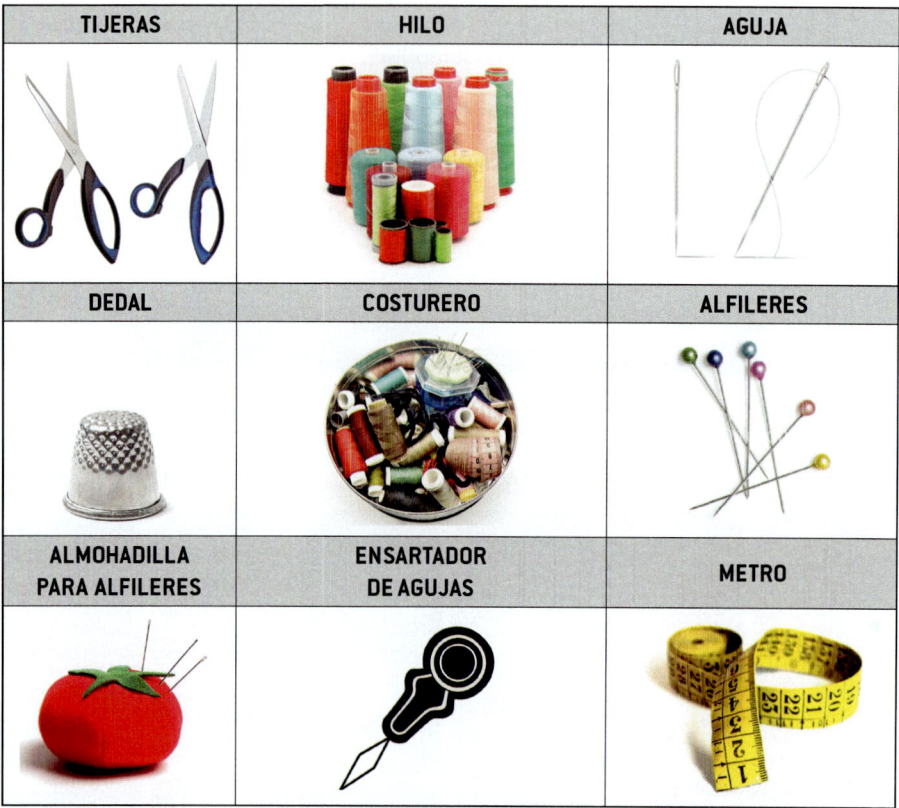

TIJERAS	HILO	AGUJA
DEDAL	**COSTURERO**	**ALFILERES**
ALMOHADILLA PARA ALFILERES	**ENSARTADOR DE AGUJAS**	**METRO**

Para una utilización adecuada de los útiles anteriores, se ofrecen las siguientes recomendaciones:

- Con respecto a las tijeras, será necesario que sean compatibles con el tejido que se va a cortar. Hay que evitar las tijeras oxidadas que pueden transmitir el óxido a las prendas.

- En relación con el hilo que se deba usar, habrá que ser del color más parecido a la prenda que se quiera coser.

- El dedal deberá siempre utilizarse en el dedo que empuje la aguja por la parte trasera para evitar que nos dañemos el dedo.

- El costurero es necesario para tener todos los útiles en el mismo lugar y evitar pérdidas.

- Las agujas serán elegidas en función del tipo de fibra que se va a coser. Cuanta más gruesa sea la tela, más gruesa deberá ser la aguja.

- El ensartador de aguja es muy útil, ya que no siempre es fácil ensartar la aguja con el hilo.

- La almohadilla para alfileres será utilizada para evitar que los alfileres queden sueltos por el costurero y puedan provocar accidentes.

- Los alfileres se utilizarán en la ropa para mantener las medidas y su grosor será elegido en función del tipo de tejido.

- El metro se utilizará para tomar medidas, por ejemplo, si tenemos que subir un bajo de un pantalón. Para ayudar a esta función, se utilizarán metros de costura, ya que son flexibles.

2.2.1. Tipos de útiles

Será necesario conocer el tipo de cosido y de tejido que vamos a utilizar para elegir los útiles que se deben usar. En un principio, podemos distinguir dos tipos de útiles: los utensilios necesarios para cualquier actuación relacionada con la costura, explicados en el apartado anterior, y los que sirven como complemento a las actuaciones de la actividad de costura, que suponen los repuestos a los complementos de las prendas y que podemos concretar en los siguientes:

- Botones.
- Corchetes.
- Gomas de diversos tamaños para la cintura de los pantalones, faldas, etcétera.
- Juego de bobinas de hilos de distintos colores.
- Juego de agujas de coser.
- Juego de imperdibles.

BOTONES	CORCHETES	GOMAS DE DIVERSOS TAMAÑOS PARA LA CINTURA DE LOS PANTALONES, FALDAS, ETCÉTERA
JUEGO DE BOBINAS DE DISTINTOS COLORES	JUEGO DE AGUJAS DE COSER	JUEGO DE IMPERDIBLES

2.2.2. Modo de utilización

Una vez que se genera la necesidad de proceder al cosido de alguna prenda, es necesario, en primer lugar, decidir el tipo de cosido que necesita y el tipo de tejido que se va a coser. A continuación, sacaremos del costurero la aguja que vayamos a necesitar, en función del tipo de tejido; el hilo, del color más parecido a la prenda que se va a coser, y el dedal. Después de ello, procederemos a ensartar el hilo en la aguja, siendo recomendable la utilización de un ensartador, y se comenzará con el cosido de la prenda.

En el caso de que se haya visto la necesidad de la utilización del cosido sencillo, apropiado para dobladillos o arreglos básicos, se comenzará insertando la aguja ensartada sobre un punto de la tela, generalmente será por el inicio de la zona que se debe coser, y se tirará del hilo hasta antes de que se salga. Seguidamente se volverá a introducir la aguja en un punto más adelantado de la zona que se va a coser y se volverá a repetir la secuencia hasta que la zona haya quedado totalmente cosida. Es importante tener en cuenta que las puntadas deben ser del mismo tamaño. Para conseguir llevar a cabo esta actividad con menor esfuerzo, es recomendable el uso del dedal que nos ayudará a empujar la aguja sin hacernos daño con el final de la misma.

El resultado quedará como una línea intermitente, dibujada por el hilo. En el siguiente gráfico se puede apreciar el resultado.

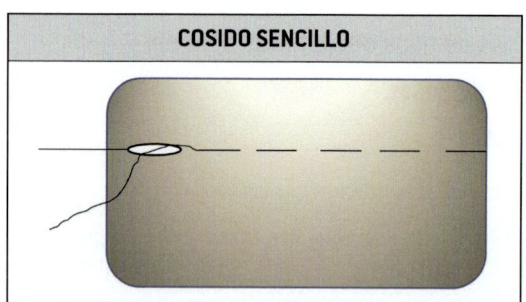

COSIDO SENCILLO

En el caso de que optemos por utilizar la costura hacia atrás, porque veamos la necesidad de que la prenda quede más reforzada por la parte que se va a coser, la técnica es muy similar a la anterior. Se inicia la puntada por el inicio de la zona que se va a coser, y se saca la aguja en una zona más hacia delante. En este momento se vuelve a meter la aguja por el primer lugar por el que se inició el cosido, pero en este caso se saca por un punto **aún más adelantado** que la primera vez. Se vuelve a meter la aguja por donde salió la primera vez y así se continúa sucesivamente. En este tipo de costura, visualmente queda como una línea recta. Las puntadas deben ser igualmente del mismo tamaño. En el siguiente gráfico se puede apreciar cómo sería el resultado.

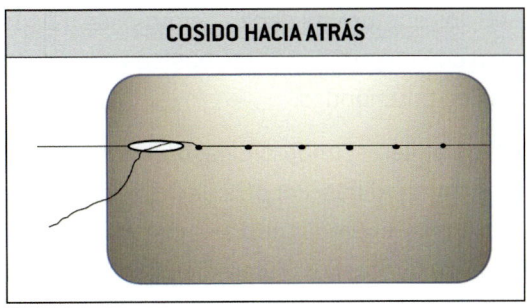

COSIDO HACIA ATRÁS

Si vemos necesario aplicar la técnica de la costura francesa, el procedimiento es muy parecido al anterior y sería el siguiente: se inicia la puntada por el inicio de la zona que se va a coser, y se saca la aguja en una zona más hacia delante. En este se vuelve a meter la aguja por un punto que esté en la mitad de la puntada dada. Como en el caso anterior, visualmente queda como una línea recta.

COSTURA FRANCESA

Si quieres aprender otras técnicas de cosido, escanea este código QR.

2.3. Ordenación del costurero

Como ya se ha comentado en innumerables ocasiones, el orden en las tareas del hogar es un aspecto muy importante. Como no iba a ser menos, en la tarea de costura también es importante.

El costurero es el lugar donde se guardan los útiles de costura con el fin de que estén agrupados en el mismo lugar y sea más fácil de localizar las herramientas que consideremos necesarias.

El tamaño y la organización de los costureros van a venir determinados por la cantidad de tareas de costura que se realicen en el hogar. No serán las mismas necesidades las que tenga una persona que se dedique a coser las prendas que se descosan o rompan, que una que se encargue de rediseñar alguna prenda, añadiendo elementos decorativos.

Como norma general, los costureros deben ser amplios y espaciosos, para que en su interior quepan con holgura los útiles básicos y los complementos de repuesto comentados con anterioridad.

Se recomienda que los alfileres, imperdibles, botones y agujas, se guarden en cajitas con el fin de evitar pérdidas. Por otra parte, ahorraremos tiempo si cuando abrimos el costurero lo tenemos todo a la vista y no tenemos que vaciarlo para encontrar lo que se busca. Por último, hay que tener en cuenta que algunos de los útiles mencionados son objetos punzantes y es recomendable evitar accidentes.

2.4. Proceso de planchado

Una vez realizados los procesos de lavado y secado de las prendas, se continúa con el de planchado. No es necesario que todas las prendas que se lavan y secan sean planchadas aunque hay quien prefiere que sea así.

Por lo general, las fibras que forman los tejidos se suelen arrugar por distintos motivos:

- Por mantener las prendas demasiado tiempo en la lavadora. Cuando termina el lavado es recomendable no dejar la ropa más tiempo del necesario en el interior de la lavadora.

- Por un centrifugado excesivo. En la mayoría de las lavadoras se puede elegir las revoluciones del centrifugado. Aunque el hecho de que la ropa salga más centrifugada, y por consecuencia, más seca, facilita el secado, también favorece la aparición de arrugas.

- Los lavado con agua caliente en prendas delicadas pueden llegar a ocasionar arrugas irreversibles.

- Por las posturas que fuerzan las prendas. Esto puede ocurrir mientras tenemos las prendas puestas o mientras están guardadas y se han doblado incorrectamente.

Aunque el objetivo principal del planchado es el de recuperar el estado original de las prendas y eliminar las arrugas, hay que tener en cuenta que algunas ocasiones las arrugas alcanzan tal magnitud que es imposible acabar con ellas.

SABÍAS QUE…

Durante el siglo XIX, las camisas y trajes se planchaban de manera tan rigurosa que las arrugas eran vistas como una señal de pobreza o descuido. Las planchas eran herramientas de estatus, y el uso de ropa sin arrugas se asoció con la clase alta y la elegancia.

2.4.1. Interpretación del etiquetaje

Todas las prendas deben llevar unas etiquetas en las que se aporta, de forma simplificada, la siguiente información:

- Material con el que están elaboradas. Esta información es muy importante, ya que en función del tipo de tejido, aplicaremos más o menos calor en el planchado.

- Lugar de elaboración de la prenda.

- Símbolos de lavado. En ellos se indica cómo lavar, planchar, secar y blanquear la prenda sin estropearla.

Los símbolos relacionados con el planchado son los siguientes:

	Admite planchado. La prenda puede plancharse.
	No admite planchado. La prenda no debe plancharse.
	Planchado a temperatura alta (máx. 200 °C). La prenda se puede plachar a una temperatura máxima de 200 °C.
	Planchado a temperatura media (máx. 150 °C) la prenda se puede planchar, pero a una temperatura máxima de 150 °C.
	Planchado a temperatura baja (máx. 110 °C) la prenda se puede planchar, pero a una temperatura máxima de 110 °C

Es muy importante consultar las indicaciones de la etiqueta antes de proceder al planchado, ya que, si aplicamos una temperatura de planchado superior a la recomendada, podremos ocasionar daños irreparables en las prendas.

2.4.2. Técnicas de planchado: plancha eléctrica o vapor

El planchado se produce en las prendas a través de tres acciones básicas:

- La presión que se ejerce sobre el tejido.

- El calor que ayuda a amoldar los tejidos.

- La humedad que los ablanda y los hace más moldeables.

Para realizar el planchado, tenemos dos tipos de planchas cuyo objetivo es el mismo, pero que tienen distintas características. Son las siguientes:

a) Plancha eléctrica

Las planchas eléctricas basan su acción en transmitir calor a las prendas. A través de una resistencia, se calienta la base de la plancha, que es la que estará en contacto con la prenda, y transmitiendo este calor la prenda pierde las arrugas.

Este tipo de planchas suele llevar incorporado un depósito de agua para que se pueda trabajar con vapor. Esto se hace de dos maneras:

- Por los orificios de la base por los que sale vapor directamente sobre la ropa.

- A través de un orificio desde el que se pulveriza el agua sobre la ropa para posteriormente llevar a cabo el planchado y mejorar así el resultado.

Para regular la temperatura, las planchas disponen de un selector a través del cual se puede hacer coincidir la recomendación del fabricante con la temperatura que se debe aplicar sobre la prenda.

b) Plancha de vapor

En este tipo de planchas, la acción más importante es el vapor. La plancha va situada sobre una base, que contiene el agua, calentándola. Al calentarse esta agua, se genera presión en su interior, que es conducida hasta la plancha

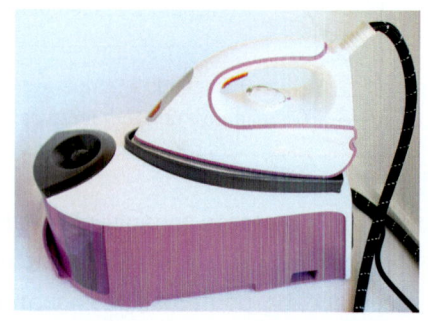

a través de unos conductos especiales. A través de unos botones que posee la plancha, se libera el vapor cuando se desea.

Este tipo de planchas son más efectivas que las anteriores.

2.4.3. Secuencia de actividades

Para realizar correctamente la actividad de planchado, es necesario conocer la secuencia que se debe aplicar para que el resultado sea óptimo.

Como primer paso, se deberá valorar si es idóneo el planchado de la prenda en cuestión, y en caso afirmativo, se deberá comprobar qué temperatura máxima está recomendada para el planchado de la prenda. Para ello, y como hemos explicado con anterioridad, se deberá consultar la etiqueta de la prenda. Una vez realizado este paso, se continuará de la siguiente forma:

- Se selecciona la ropa en función de la temperatura que se debe aplicar.
- Se coloca la tabla de planchar en un lugar donde tengamos espacio suficiente.
- Se llena el depósito de la plancha o de la base de la plancha, en caso de planchas a vapor.
- Se enchufa la plancha, colocando el selector de temperatura a la temperatura compatible con las prendas que se van a planchar y se espera que se apague la luz, indicando que está preparada para el planchado.
- La prenda se colocará sobre la tabla, intentando que quede lisa sin arrugas.
- Se pasará la plancha sobre la prenda, deslizándola por toda la prenda.

2.4.4. Selección de temperatura

Como se ha comentado antes, la temperatura de planchado debe ser la adecuada en función de la prenda que se va a planchar.

Para seleccionar la temperatura adecuada a cada prenda, será necesario, en primer lugar, consultar la etiqueta de cada una de las prendas. A continuación, se activará el selector de temperatura de la plancha. Por lo general, los fabricantes utilizan símbolos similares que los contenidos en la etiquetas de la prendas para una mejor identificación.

En la ilustración se puede apreciar lo comentado.

2.4.5. Selección de accesorios

Existen una serie de accesorios que facilitan el éxito del plachado. Podemos considerar los siguientes:

ACCESORIOS Y SUS CARACTERÍSTICAS	
TABLA DE PLANCHAR Se suelen fabricar sobre un soporte metálico sobre el que se sitúa una tabla acolchada que facilita el planchado. Suelen ser plegables para facilitar su guardado. Son regulables en altura para que se pueda adaptar a todas las personas. Tienen un soporte para colocar la plancha que soporta grandes temperaturas.	
SOPORTE PARA CABLES Son muy prácticos porque evitan que los cables molesten en la actividad de planchado.	
TABLA PARA MANGAS La tabla para mangas es un accesorio muy útil, ya que facilita el planchado de las mangas de las camisas. Al ser más pequeño que las tablas de planchar ordinarias, se puede introducir dentro de la manga y facilitar el planchado.	

2.4.6. Aplicación de productos específicos

En ocasiones, las arrugas son tan fuertes que los sistemas de eliminación de las mismas no son suficientes y hay que recurrir a determinados productos que ayuden a eliminarlas.

Uno de estos productos es el almidón. El almidón es un producto que se extrae de los vegetales y cuyo uso facilita la eliminación de arrugas. Se suelen comercializar en envases de aerosol o en botella con pulverizador.

Para obtener un resultado óptimo, se debe pulverizar la ropa en el momento anterior al planchado, facilitando el deslizamiento de la plancha sobre la ropa e hidratando los tejidos.

Para las planchas de vapor y las eléctricas que aportan vapor, se recomienda el uso de agua destilada, ya que la cal del agua puede obstruir los conductos de la plancha, estropeándola.

Por último, existe una serie de productos que ayudan al limpiado de las bases de las planchas. Estos se utilizar porque determinadas prendas se adhieren a la base de la plancha debido al calor, y estos restos pueden manchar otras prendas, en especial las de colores claros. Por ello, es necesario proceder al limpiado de las bases cada cierto tiempo. Se suelen comercializar en forma de barras limpiadoras.

2.5. Proceso de colocación en espacios habilitados

La ropa, una vez planchada, se distribuirá y colocará en los armarios o mobiliario destinado a tal efecto, garantizando el mantenimiento del orden para permitir su posterior utilización. Si el almacenamiento se va a realizar en baldas situadas en altura, es necesario atender a los riesgos que pueden derivar de la manipulación de carga y altura.

Para los elementos relacionados con el planchado, será necesario buscar un lugar adecuado dentro del hogar para la realización de dicha actividad. La situación idónea es disponer de una habitación destinada exclusivamente para esta actividad, pero en los hogares actuales es muy complicado que haya sitio para ello.

Una de las cosas que facilitará el guardado de los elementos necesarios para el planchado es la posibilidad de plegar la tabla de planchar. El plegado de la tabla facilita que se pueda guardar, incluso detrás de una puerta.

La tabla, plancha, accesorios y productos que se van a utilizar, se almacenarán en el mismo lugar para facilitar ahorrar tiempo a la hora de usarlos.

Es importante que el guardado de la plancha se lleve a cabo cuando la base esté totalmente fría. Igualmente se debe guardar en postura vertical, ya que de lo contrario el agua que contenga para la función vapor, se puede derramar.

El cable debe estar recogido para evitar tropiezos.

2.6. Técnicas de adecuación del espacio para ejecutar las tareas de planchado

Como hemos comentado, es muy importante tener un espacio destinado a la labor de planchado que sea suficientemente amplio y que aporte seguridad a la actividad. Para ello, proponemos las siguientes recomendaciones:

- El espacio destinado deberá permitir que la persona que realice la actividad se desplace alrededor de la tabla sin tropezar con otros muebles o enseres.

- Es importante que se limite la presencia de otras personas en el espacio, en especial niños, para evitar accidentes indeseables.

- Si utilizamos vapor, ya sea con plancha eléctrica o con plancha a vapor, la habitación debe estar ventilada para evitar el exceso de calor.

- Es importante que exista un lugar donde poder colocar la ropa una vez planchada que evite que vuelva a arrugarse, así como perchas para mantener las prendas colgadas mientras que se procede a su guardado.

- La altura de la tabla debe ser regulada en función de la estatura de la persona que realice el planchado. Así se evitará que la espalda quede arqueada mientras se realiza el planchado con las consiguientes molestias.

- Se utilizará un taburete para colocar un pie más alto que el otro y alternando los mismos, para proteger la espalda y evitar lesiones.

EN ESTE CAPÍTULO HEMOS APRENDIDO A:

- Llevar a cabo el cosido manual básico para reparar la ropa.

- Elegir la aguja correcta en función del tejido con el que esté elaborada la prenda que se va a reparar, utilizando una aguja gruesa para tejidos duros y una fina y más pequeña para tejidos más blandos.

- Habilitar un espacio para realizar el cosido que esté bien iluminado.

- Realizar el cosido sencillo, utilizado para un dobladillo, un botón, etcétera.

- Realizar el cosido reforzado, dirigido al arreglo de prendas que necesitan un refuerzo en la zona reparada.

- Realizar el cosido francés, destinado a la unión de dos telas.

- Organizar el costurero con el fin de que no se pierdan objetos punzantes que puedan ocasionar accidentes.

- Realizar el planchado, interpretando las etiquetas de las prendas para aplicar las condiciones necesarias en el planchado.

- Reconocer las características de la tabla de planchar, entre las que se encuentran la firmeza.

- Elegir los accesorios necesarios para llevar a cabo un planchado con éxito.

- Utilizar los productos disponibles para un buen planchado, como, por ejemplo, el almidón, el agua destilada y el limpiador para bases de planchas.

EJERCICIOS DE REPASO Y AUTOEVALUACIÓN

2.1. ¿Qué significa el siguiente pictograma?

a) Que la prenda no puede plancharse.

b) Que la prenda se puede planchar a baja temperatura.

c) Que la prenda se puede planchar a alta temperatura.

2.2. Selecciona la frase incorrecta.

a) Hilvanar: se hacen puntadas muy pequeñas y del mismo tamaño.

b) Sobrehilar: se utiliza para evitar que las telas se deshilachen.

c) Rematar: se hace al final del cosido para reforzar.

2.3. Continúa con la frase: «Para elegir un tipo u otro de cosido, tendremos en cuenta...».

2.4. Indica si la siguiente frase es verdadera o falsa:

En el caso de que se haya visto la necesidad de la utilización del cosido hacia atrás, apropiado para dobladillos o arreglos básicos, se comenzará insertando la aguja ensartada sobre un punto de la tela, generalmente será por el inicio de la zona que se va a coser, y se tirará del hilo hasta antes de que se salga. Seguidamente se volverá a introducir la aguja en un punto más adelantado de la zona que se va a coser y se volverá a repetir la secuencia hasta que la zona haya quedado totalmente cosida.

2.5. Escribe uno de los motivos por el cuál es importante tener el costurero ordenado.

2.6. Explica dos motivos por los cuales las prendas se pueden arrugar:

2.7. ¿Qué información aparece en las etiquetas de las prendas?

2.8. ¿Qué dos tipos de planchas podemos utilizar para el planchado doméstico?

2.9. Para seleccionar la temperatura adecuada de la plancha, lo primero que debemos tener en cuenta es:

2.10. Completa la siguiente frase:

Uno de estos productos utilizado en el planchado es el _____.

3. Técnicas de preparación de camas

Introducción

Desde el principio de los tiempos, el descanso ha supuesto una gran preocupación para todas las civilizaciones. El ser humano siempre ha necesitado descansar y, por ello, ha buscado la mejor forma de hacerlo. Con el tiempo se han ido desarrollando distintos artilugios destinados al descanso que han ido mejorando la calidad de las camas.

El ser humano en la prehistoria dormía sobre el suelo. Con posterioridad, comenzaron a dormir sobre paja. Esto evolucionó al llenado de sacos con paja y hojarasca.

El primer colchón, similar a lo que conocemos hoy en día, se inventa en Persia y estaba elaborado con piel de cabra y lleno de agua. Durante el siglo XVIII, los colchones estaban rellenos de algodón o lana y a partir del siglo XIX, aparecieron los cochones de muelle.

A día de hoy, el hecho de tener una buena cama donde descansar es un bien de primera necesidad, ya que repercute directamente sobre la salud de los individuos.

> **SABÍAS QUE...**
>
> Una persona que viva 70 años habrá pasado aproximadamente 23 años durmiendo.

Contenido

3.1. Elementos que componen una cama

3.2. Técnicas y secuencias en la preparación de camas

3.3. Valoración, planificación y realización de rutinas en el cambio de ropa

3.4. Técnicas de volteo y giro de colchones

3.5. Técnica de verificación del trabajo

Objetivos

En este capítulo vamos a aprender a:

- Identificar los elementos que componen una cama, así como sus complementos.

- Seguir los pasos necesario para llevar a cabo los procedimientos de preparación de camas.

- Realizar la planificación sobre los procedimientos de preparación de camas.

- Aplicar las técnicas necesarias para el mantenimiento del colchón de las camas.

3.1. Elementos que componen una cama

El descanso que se produce por el hecho de usar una cama es debido a los elementos que la forman. Por lo general, los elementos que forman una cama se pueden resumir en: la base, el colchón, la almohada y la ropa de cama. A lo largo de este capítulo, iremos profundizando en ellos.

3.1.1. Tipos de camas

Las camas pueden clasificarse según muchos criterios. Nos detendremos en las más usuales:

- CUNAS: son camas destinadas al descanso de bebés. Suelen estar rodeadas por barrotes que impiden que el niño salga y caiga al suelo.

- CAMA INDIVIDUAL: estas camas están destinadas al uso de una sola persona. Las medidas más usuales son 90 u 80 cm de ancho por 180 o 200 cm de largo.

- CAMA DOBLE: está destinada al uso de dos personas. El ancho más usual es de 135 cm o 150 cm y 180 cm o 200 cm de largo.

- CAMA LITERA: están formadas por dos camas individuales colocadas una encima de la otra.

- CAMA ARTICULADA: disponen de un mecanismo eléctrico que permite elevar la parte superior y la inferior del colchón, de forma que se adapte a las necesidades de la persona.

- SOFÁ CAMA: el sofá cama es muy útil en casas con poco espacio. El sofá tiene un mecanismo que permite que se convierta en cama.

- CAMA PLEGABLE: suelen ser muy útiles en domicilio que tienen poco espacio. Se pueden plegar y ocupan muy poco espacio.

- CAMAS NIDO: son camas individuales debajo de las cuales hay otra cama que se saca fácilmente gracias a la incorporación de ruedas que así lo permiten.

3.1.2. Tipos de colchones

De todos los elementos que conforman una cama, el colchón es el más importante, ya es la superficie que está en contacto directo con el cuerpo y repercute directamente sobre su descanso.

En la actualidad, existe en el mercado una gran variedad de colchones que nos permiten elegir el que más se adapte a las necesidades de descanso de cada uno. A continuación, se explican los tipos más comunes:

- Colchón de muelles: en su interior se disponen muelles de acero de los que dependen su confortabilidad. Los muelles están cubiertos de una serie de capas de distintos tejidos. En función del tipo de muelles, de la cantidad de muelles y del tejido que los recubra, la confortabilidad será mayor o menor.

Algunos tienen un recubrimiento más cálido por una cara y más fresco por la otra, de forma que podamos usar una cara para el verano y otra para el invierno.

La vida útil de este tipo de colchones suele estar en los 10 años.

Los colchones de muelles pueden ser también de muelles ensacados. En este caso, cada muelle está envuelto individualmente en una bolsa de tela, lo que permite mayor independencia de los muelles y mejor adaptación al cuerpo.

- Colchón de látex: están formados por un bloque de látex recubierto por una funda acolchada. Este bloque dispone de distintos orificios que facilitan la circulación de aire. La principal diferencia entre el látex y los colchones de muelles es la gran adaptabilidad de los primeros.

- Colchón viscoelástico: es un material sintético que, a diferencia del anterior, no expande la materia del colchón hacia los lados, sino que aumenta o disminuye de tamaño en función a la presión ejercida sobre él.

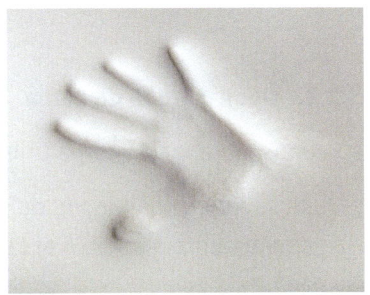

- Colchón de espuma: está formado por un bloque de espuma de poliuretano recubierto por una funda. En la actualidad, se utiliza para las camas plegables y los sofás, pero no como colchón de uso diario.

Los colchones por sí solos no son suficientes para proveer de un gran confort durante el descanso de las personas.

Hay que tener en cuenta que el colchón va apoyado sobre una base que ayudará a sacar el máximo partido a la calidad del colchón.

Hay dos tipos generales de soportes para los colchones:

- Bases tapizadas: es una base plana recubierta por un tejido acolchado.

- Bases de lamas: están formados por un bastidor de acero sobre el que se apoyan lamas de madera. Están indicadas para los colchones de látex ya que facilita la circulación de aire.

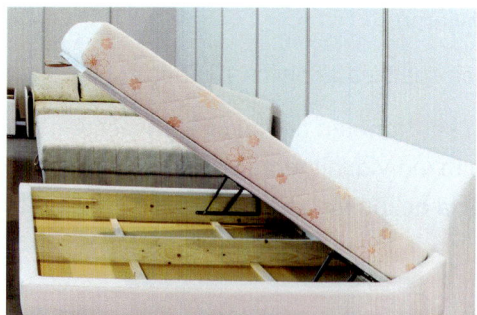

SABÍAS QUE…

El látex se obtiene de un árbol llamado *Heveas brasiliensis*, muy abundante en Malasia.

3.1.3. Tipos de ropa de cama

Los tipos de ropas de cama utilizados son:

- Las sábanas: los juegos de sábanas están formados por la sábana bajera, generalmente ajustable al colchón; la sábana superior y la funda de la almohada.

Los distintos tejidos con los que estén elaboradas las sábanas determinarán la época en la que deben ser utilizadas. Las sábanas de algodón o sintéticas están indicadas para el verano, mientras que las de franela o las llamadas «de pirineo» se utilizarán en el invierno.

- Las mantas: es ropa de cama para utilizarse en invierno. Se fabrican con materiales sintéticos o naturales.

- Los edredones nórdicos: se insertan en las fundas nórdicas y se pueden fabricar con distintos rellenos. Los más valorados son los de plumón, pero también pueden fabricarse de plumas o materiales acrílicos.

- Las colchas: se utilizan en las temporadas menos frías y también tienen un objetivo decorativo.

- Fundas de colchón: se utilizan para proteger el colchón del sudor de la piel y, por consiguiente, de manchas. Se coloca sobre el colchón y hay algunos que son también impermeables para evitar así que se puedan mojar en caso de personas mayores o niños.

3.1.4. Tipos y colocación de complementos

Los complementos de una cama pueden tener dos objetivos:

- Decorativos.
- De confort.

A continuación, enumeraremos los complementos con objetivo de confort:

- Baranda de protección para niños: se utilizan para evitar que los niños se caigan al suelo en el transcurso de la noche. También se usan en caso de personas mayores.

- Almohada: se utiliza para el apoyo de la cabeza mientras se duerme. Van recubiertas de una funda que las protege.

En función del material con el que estén elaboradas, se pueden distinguir las siguientes:

- De fibras. Son las más habituales.
- De plumas: las más valoradas son las de pluma de oca.
- De látex.

- De viscoeslástica.

En base a su forma, se pueden distinguir los siguientes tipos:

- La tradicional. La forma es alargada y estrecha.

- Mariposa cervical: tienen forma de mariposa y está indicada en personas con problemas cervicales.

- Almohada cervical: forma cóncava indicada en personas con problemas cervicales.

Los elementos decorativos se pueden resumir en los siguientes:

- Cojines: se suelen colocar encima de las camas. A veces son utilizados también con fines de aumento de confort. Los hay de distintos tamaños y formas.

3.2. Técnicas y secuencias en la preparación de camas

La secuencia en la preparación de las camas irá determinada por aspectos tan importantes como la higiene. Por ello, la secuencia que se ofrece será la siguiente:

- La cama debe airearse bien antes de hacerla. Para ello se mantendrá totalmente destapada durante al menos diez minutos.

- A continuación, se observará si existen manchas en la sábana y, si las hay, se procederá a cambiarlas.

- Aun no habiendo manchas evidentes, las sábanas deben ser cambiadas periódicamente.

- Cuando se cambian las sábanas, la funda del colchón debe ser cambiada también.

- El colchón debe ser aspirado de forma periódica.

Si atendemos a criterios estéticos, deberemos tener en cuenta que tanto las sábanas como los cobertores deben quedar a la misma distancia del suelo por ambos lados de la cama, evitando las arrugas.

3.3. Valoración, planificación y realización de rutinas en el cambio de ropa

A la hora de planificar la rutina en el cambio de ropa de cama, se tendrán en cuenta aspectos tan importantes como la higiene. Las personas desprenden una serie de sustancias que inciden negativamente en la higiene de la ropa de cama. Como ejemplo tenemos el sudor, mucosidad, saliva, lágrimas, orina, flujo menstrual, semen, etcétera.

Los siguientes factores influirán en la periodicidad del cambio de ropa de cama:

- Uso de la cama: cuanto mayor sea el uso de la cama, mayor será la higiene que se deba aplicar. Hay personas que solo utilizan la cama para dormir, sin embargo, hay otras que la utilizan para leer o simplemente para relajarse o estudiar.

- Las características de la persona que utilice la cama también influirán en la periodicidad del cambio de ropa de cama. No es lo mismo una persona adulta que un niño. También habrá que tener en cuenta si la persona está enferma o no.

- La estación del año en la que nos encontremos. Durante el verano se suele sudar más, por lo que la periodicidad será menor.

- La ropa que se utilice durante el sueño. Las personas que utilizan pijama, mantendrán más tiempo las sábanas limpias que las que duerman en contacto directo con las sábanas.

Como norma general, se cambiarán las sábanas una vez a la semana en épocas frías, y dos veces durante el verano.

3.4. Técnicas de volteo y giro de colchones

Con el tiempo, los colchones van perdiendo sus cualidades originales y deformándose con el uso. Las zonas que más se deforman son las que soportan más presión, por ello es importante que, cada cierto tiempo, los colchones se giren y volteen para que la zona que recibe mayor presión sea distinta.

Estos consejos aumentan la vida útil del colchón, pudiendo utilizarse durante más tiempo.

Los dos movimientos que se aconsejan son el volteo y el giro:

- El giro: supone el movimiento del colchón realizado sobre el centro del mismo, es decir, se pondrá la zona inferior en la superior girando sobre el centro del colchón sin levantarlo de la base.

- El volteo: este movimiento supone situar la zona de la derecha en la parte de la izquierda, y viceversa, levantándolo de la base.

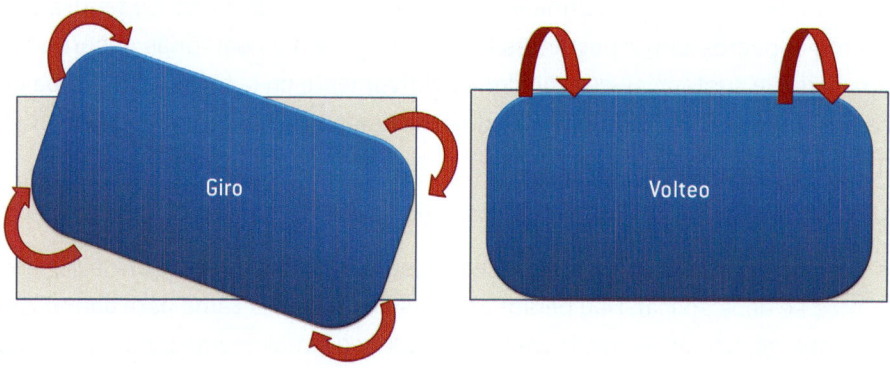

Los colchones deberán girarse y voltearse al menos cuatro veces al año, una por cada estación.

3.5. Técnica de verificación del trabajo

La verificación del trabajo se llevará a cabo en tres momentos distintos:

- Antes de comenzar: se prevé qué actuación será necesaria realizar en función del estado de la cama y de si corresponde cambio de sábanas o no.

- Durante la actuación: se comprueba constantemente que las sábanas estén estiradas así como la manta, colcha y edredón.

- Al finalizar la actuación: se comprueba que los cobertores han quedado simétricos y que no tocan con el suelo, así como que las sábanas y mantas han quedado correctamente remetidas tal y como se nos ha encargado. Por último, se comprobará si las almohadas y los elementos decorativos, tales como cojines, etc., están en el lugar destinado a ello.

EN ESTE CAPÍTULO HEMOS APRENDIDO A:

- Conocer las partes de una cama.

- Identificar los tipos de camas más usuales: dobles, individuales, plegables, articuladas, nido, cuna, etcétera.

- Reconocer que los tipos de colchón más usuales son los de muelle, látex, viscoelástica y espuma.

- Planificar los cambios de ropa de cama e identificar las variables que pueden acelerar estos cambios.

- Reconocer los tipos de almohadas que existen y para qué están indicadas.

- Realizar una verificación de los principales indicadores de calidad en la realización de una cama.

- Identificar los distintos tipos de objetos que se pueden utilizar en una cama: decorativos y de aumento de confort.

EJERCICIOS DE REPASO Y AUTOEVALUACIÓN

3.1. ¿Cuáles son los tamaños más usuales de las camas individuales?

3.2. ¿Qué ventajas tiene el uso de un sofá cama?

3.3. ¿Cuál es la vida útil de los colchones de muelles?

3.4. Señala la frase correcta:

Los orificios de los colchones sirven para:
- Que estéticamente resulten más atractivos.
- Evitar que se ensucien.
- Facilitar la circulación del aire.

3.5. Enumera y explica los tipos generales de bases para los colchones.

3.6. ¿Qué tipo de relleno se utiliza en los edredones nórdicos?

3.7. ¿Para qué se usan las fundas de colchón?

3.8. ¿Con qué material se elaboran las almohadas?

3.9. En la secuencia de preparación de camas, ¿cuál será el primer paso?

3.10. ¿Qué dos acciones se llevarán a cabo para aumentar la vida útil del colchón?